O PODER É SEU

Dra. Carla Góes

O PODER É SEU

HISTÓRIAS DE MULHERES INSPIRADORAS QUE NOS ENSINAM A SEGUIR EM FRENTE

)|(Academia

Copyright © Carla Góes, 2018
Copyright © Editora Planeta do Brasil, 2018
Todos os direitos reservados.

Preparação: Débora Dutra
Revisão: Mari Genaro, Bárbara Parente e Project Nine Editorial
Diagramação: Vivian Oliveira
Capa: Luiz Sanches Junior
Imagem de capa: Foto: Brian Haider / Prod. executiva: Gabriela Montagner / Styling: Arlindo Grund e Fábio Paíva.

DADOS INTERNACIONAIS DE CATALOGAÇÃO NA PUBLICAÇÃO (CIP)
ANGÉLICA ILACQUA CRB-8/7057

Góes, Carla
    O poder é seu : histórias de mulheres inspiradoras que nos ensinam a seguir em frente / Carla Góes. – São Paulo : Planeta, 2018.
    256 p.

ISBN: 978-85-422-1396-6

1. Técnicas de autoajuda 2. Mulheres - Autoestima 3. Mulheres - Poder 4. Sucesso 5. Autorrealização I. Título

18-1242   CDD 158.1

Índices para catálogo sistemático
1. Técnicas de autoajuda

2018
Todos os direitos desta edição reservados à
EDITORA PLANETA DO BRASIL LTDA.
Rua Padre João Manuel, 100 – 21º andar
Edifício Horsa II – Cerqueira César
01411-000 – São Paulo – SP
www.planetadelivros.com.br
atendimento@editoraplaneta.com.br

Sumário

PREFÁCIO 13

INTRODUÇÃO 17

MINHA HISTÓRIA

   É comum acreditar que teremos
      todas as respostas 25
   Atendi ao chamado do meu propósito 32
   Uma nova vida em São Paulo 36
   De repente, de filha me vejo mãe 40
   Encontrando meu lugar no mundo 45

REESCREVA SUA HISTÓRIA

   Síndrome do patinho feio 53
   Desmistificando o empoderamento 57
   Defina quais são suas metas e seus objetivos ...60
   É preciso confiar em si mesma 63
   Vá além dos seus limites 66
   Casamento e família 69

Carreira e vida profissional 72
Inteligência emocional 74
Nunca é tarde para começar 77

INICIATIVAS DE RESPONSABILIDADE SOCIAL E AS MULHERES NO BRASIL

Movimento Mulher 360 81
Fomento Mulher do Incra 85
Mulheres em cargos de liderança na
   Becton Dickinson (BD) 88
ONU Mulheres 91
Condições Socioeconômicas e Violência Doméstica
   e Familiar contra a Mulher - UFC 95
O poder da igualdade – McKinsey Global Institute 98
Mulheres Positivas – *Estadão* 101
Grupo Mulheres do Brasil 104
A realidade das mulheres no Brasil 106

MULHERES COM HISTÓRIAS INSPIRADORAS

Você não está sozinha 113
Convivência positiva entre família e carreira 122
A feminilidade pode ser um de seus maiores talentos ... 130
Conquista do espaço que é seu por direito 137
Enfrentar o preconceito é o atalho para o sucesso 145
O empreendedorismo como responsabilidade social 154
Conhecimento é poder 160
O verdadeiro desejo de mudança te torna invencível ... 167
O poder inabalável da fé 174
Determinação e força de vontade te levam longe 181
Da estabilidade aos desafios para a realização
   de um sonho 190
Todas as oportunidades devem ser consideradas 198

O talento é maior do que qualquer preconceito 208
A força que te leva do nada ao tudo 215
Os desafios não vão desviá-la de seu propósito 224
Uma vida dedicada ao empoderamento
    das mulheres 231
A liderança feminina pode ser transformadora 238

UM CONVITE À REFLEXÃO 245
AGRADECIMENTOS 247

Mais um livro, fruto de muita determinação, trabalho constante e organização.

Dedico-o à minha família que amo muito e em especial às minhas avós, mulheres fortes e maravilhosas, que foram fundamentais para a minha vida e para que hoje eu estivesse exatamente aqui. À vó Felícia, dona do abraço mais carinhoso que já existiu.

O meu eterno agradecimento a cada uma dessas mulheres que dividiram com tanto carinho aqui, neste livro, momentos íntimos e muito especiais da sua vida, sabendo o quanto seria importante compartilhar e somar na vida de tantas outras mulheres.

Sempre a Deus, a minha eterna gratidão!

PREFÁCIO

Estamos passando por um período no qual as mulheres têm conquistado um espaço nunca antes imaginado, mas que ainda está muito longe de ser o ideal em termos de equidade de gêneros. Por exemplo, se por um lado pesquisas apontam o crescimento do percentual de mulheres no mercado de trabalho que ocupam, inclusive, posições de destaque e liderança nas empresas, por outro, seguindo um padrão cultural que divide o papel de homens e mulheres, as horas dedicadas às tarefas do lar ainda são destinadas principalmente a elas, que se responsabilizam por esse trabalho não remunerado realizado dentro de casa.

Essa dupla jornada de trabalho a qual me refiro é apenas um exemplo de como nossa sociedade concede privilégios aos homens. Muitos deles trabalham em empresas com programas de incentivo às mulheres, manifestam apoio e possuem um discurso em harmonia com a causa, no entanto, na maioria das vezes, o posicionamento não se repete em suas próprias casas com as esposas, mães ou filhas.

É extremamente oportuno o ponto de vista da dra. Carla Góes para redigir este livro, nos lembrando de que nós, mulheres, temos o direito de sonhar grande e de buscar a realização de nossos objetivos. Contudo, devemos ter a consciência de que ainda percorremos uma estrada muito mais desafiadora do que os homens. Isso não significa que podemos nos acomodar e aceitar menos do que aquilo a que temos direito, afinal, temos a vantagem de sermos mulheres e possuímos um poder que é só nosso, basta saber como fazer um bom uso dele.

Uma das formas de conseguir despertar esse poder é por meio da representatividade e da diversidade. Para isso, é essencial termos exemplos em quem possamos nos inspirar. Assim como era raro encontrar mulheres na direção de grandes companhias, igualmente era rara a existência de modelos com os quais pudéssemos aprender e compreender que, sim, para elas o topo também é possível. Nesse aspecto, este livro faz uma importante colaboração ao apresentar histórias de grandes mulheres brasileiras com sucesso em diversas áreas de atuação.

Esta é uma obra essencial para que as leitoras não se sintam intimidadas em situações em que elas sejam a minoria, por exemplo, ser a única mulher presente em uma reunião. Vão também perceber que não precisam abrir mão de sua vida, de sua feminilidade em nome do mercado de trabalho, independentemente da área de atuação; as duas coisas podem e devem caminhar juntas. Além disso, terão a certeza de que as suas escolhas pertencem apenas a elas, seja no ambiente familiar, seja no ambiente profissional.

Rachel Maia
Membro do Conselho de Desenvolvimento Econômico e Social da Presidência da República, do Conselho Geral do Consulado Dinamarquês e Câmara Dinamarquesa, do Comitê de Presidentes na Câmara Americana de Comércio e do grupo Mulheres do Brasil.

INTRODUÇÃO

Vivemos em uma era de transição extremamente importante para as mulheres. Um período em que somos estimuladas, e até cobradas, a ocuparmos nosso espaço na sociedade e conquistarmos o direito de concretizar os nossos sonhos. Um momento histórico pelas oportunidades que se abrem. No entanto, na mesma proporção, grandes ainda são os desafios que encara toda uma geração, criada em famílias patriarcais, em uma sociedade machista ou conservadora em grau extremo. Esses ambientes, muitas vezes, não a preparavam para um mundo a ser conquistado e que hoje ela tem ao alcance das mãos.

Mesmo quando essa geração nasceu em famílias de perfil matriarcal – como a minha –, nas quais as mulheres exerciam o papel de tomadoras de decisão, nem toda ela seguiu o mesmo caminho. A maioria das mulheres que criou a nossa geração praticava seu poder de forma discreta e totalmente instintiva, já que foram educadas para serem donas de casa. Dessa forma, da porta de casa para fora, a sociedade via o homem como o único líder soberano, protetor e provedor da casa.

Hoje, ao mesmo tempo que muitas de nós ganham direitos, espaço e respeito, ainda esbarramos em desafios mais árduos que os muitos homens na conquista do espaço. Isso porque a maioria das mulheres, assim como eu, não foi preparada para assumir o papel de liderança ou não consegue pelo machismo e preconceito que ainda encontramos pela frente. No entanto, temos um privilégio que ninguém do gênero masculino pode nos desempossar. Uma força interna que, ao ser despertada, nos ajuda a fazer a diferença e nos fortalece: o poder da teimosia feminina.

O objetivo deste livro é despertar esse poder ao compartilhar minha própria história e de algumas mulheres brilhantes as quais tive o privilégio de encontrar e que dividiam as mesmas lutas, angústias e também vitórias. Todas nós tivemos que aprender, cada uma à sua maneira, a manifestar essa força na busca dos nossos sonhos. Mulheres inspiradoras que podem servir de exemplo para sua vida, mostrar que você não está sozinha na sua luta e que todas passaram por momentos difíceis, tiveram medo, inseguranças, mas seguiram aquela voz que lá no fundo dizia: "Continue, você vai conseguir".

Na primeira parte, conto um pouco de minha própria história de vida, de como enfrentei um pai conservador e uma família que me preparava para ser esposa e dona de casa exemplares. Desisti do caminho mais confortável e optei por uma trajetória com mais obstáculos e dificuldades, mas pela qual eu tinha, no fundo do meu coração, a certeza de que chegaria à realização de um sonho. Trata-se de um breve relato sem a pretensão de ser uma autobiografia. Destaco momentos e detalhes que sempre quis compartilhar, como forma de ajuda, com aquelas mulheres que têm os mesmos anseios, e que muitas vezes, ao ouvir as histórias delas dentro do meu consultório ou em encontros e palestras que realizo, dão-me a certeza de que o que falta nelas é acender a chama que serve como combustível e que nos torna muito mais fortes.

Para que você consiga absorver da melhor maneira possível as histórias lindas e inspiradoras das mulheres com quem conversei a fim de escrever este livro, a segunda parte é dedicada a explicar conceitos importantes para o seu desenvolvimento pessoal, bem como a transmitir algumas recomendações e lições que aprendi ao longo de minha jornada ao ouvir as diferentes trajetórias que apresento nesta publicação.

Em seguida, na terceira parte, compartilho ações corporativas de responsabilidade social que comprovam como toda a sociedade está se conscientizando da importância da valorização da mulher e seu papel essencial na diversidade de ideias, pensamentos e gestão dentro das empresas. Projetos importantíssimos de empoderamento que englobam lideranças comunitárias no sertão nordestino ou também o corpo diretivo de grandes companhias.

Na quarta e mais importante parte do livro, vai encontrar histórias de mulheres que, cada uma em seu universo e a seu modo, descobriram onde estava o seu poder e fizeram – e ainda fazem – a diferença. Vai conhecer mulheres que encontraram diferentes soluções para problemas iguais e também aquelas que, por meio de caminhos parecidos, enxergaram a solução para problemas distintos.

Durante os relatos, não cito nomes de personagens ou de empresas – os quais se remetem a mulheres de grande notoriedade no país –, a não ser quando é estritamente essencial à compreensão do enredo, pois meu objetivo é manter seu foco nas situações e nas valiosas lições de vida que elas trazem. No entanto, divulgo a identidade ao final de cada texto. Tenho certeza de que, ao descobrir quem é a protagonista de cada história, cujos detalhes muitas vezes não conhecemos, será surpreendida e até estimulada a fazer uma segunda leitura do texto, com um olhar diferente.

Espero que eu consiga ajudá-la a encontrar as brechas pelas quais sua força vai se manifestar para que, dessa forma, também possa enfrentar as barreiras e realizar seus sonhos. Meu desejo mais profundo é que, num futuro muito próximo, o conteúdo e as lições deste livro se tornem obsoletos para as garotas das gerações que virão, que meus textos sejam apenas motivo para uma risada gostosa e que a igualdade entre os gêneros seja algo tão natural que se torne difícil imaginar porque um livro como este foi necessário, assim como hoje é difícil imaginar um mundo no qual as mulheres não podiam votar ou usar calças.

Boa leitura e não esqueça: O PODER É SEU!

MINHA HISTÓRIA

É comum acreditar que teremos todas as respostas

Aqui estou eu, às vésperas de completar 50 anos. Meio século! Sempre pensei que a essa altura da minha vida já saberia tudo, mas as milhares de situações que surgem me mostram claramente que não. Ainda tenho muito que aprender. Imaginei que, quando estivesse escrevendo meu quinto livro, já teria a maioria das respostas, para mim e para vocês, e quem sabe fechando outro ciclo da minha vida e seguindo para mais um, tão esperado, cheio de novos sentimentos, novas jornadas, com novos membros na família (vocês sabem, netos ou até enteados).

Ao relembrar os momentos quando, ainda muito jovem, fui em busca de ocupar o meu lugar ao sol, percebo o quanto nós, mulheres, fomos nos modificando ao longo do tempo. Travamos grandes batalhas, desafiamos os nossos pais, o nosso mundo e também os nossos hormônios.

Sobre eles, aprenda uma coisa: tudo na vida, tudo mesmo, circula em torno deles, essas incríveis e maravilhosas substâncias químicas que controlam funções, como o sono, a fome, a libido, a competitividade e o humor. São os hormônios que atuaram em nosso organismo durante a adolescência, nos deixando tão inseguras com a nossa aparência. Por causa deles, tivemos que aprender a lidar com os ciclos hormonais e com as mudanças repentinas em nosso corpo.

Sem nem perceber, de repente, nos transformamos de meninas inseguras em mulheres, que aspiravam uma nova fase, com uma nova imagem de nós mesmas e um novo corpo desabrochando. Repentinamente, fomos colocadas em outro patamar. Mesmo que eu ainda gostasse de brincar com bonecas, um dia minha mãe falou: "Você não acha que já está bem grandinha para brincar com bonecas?". Então, percebi que não tinha mais volta.

Cresci em meio a uma família matriarcal. A última palavra sempre era das minhas avós. Mulheres determinadas, fortes e destemidas sabiam desde muito novas aonde queriam que seus filhos e netos chegassem. Sim, projetavam seus sonhos nos filhos e netos, pois não tiveram oportunidade de concluir os estudos. Naquela época, no interior da Bahia – onde minhas avós nasceram –, a mulher se tornava esposa e mãe ainda muito jovens. Saber ler e escrever era o suficiente para cuidar da família e ser uma boa esposa.

Sou filha única do único filho homem e caçula da dona Carmem. Cresci cercada de muito amor e carinho, sempre focando meus esforços nos estudos e nos esportes, visando sempre o futuro. Minha avó me preparava para ser uma esposa prendada e matriarca da minha família. Por isso, tinha aulas de piano, violão, canto na igreja e bordados.

Minha mãe, por sua vez, fazia questão de me transmitir seus dotes culinários, já que ela também seguiu a trajetória destinada às mulheres daquela época: foi mãe muito cedo e não fez faculdade. Apesar do sonho de fazer medicina, como era casada e tinha uma filha, o natural era dedicar-se ao lar. O marido é que tinha que trabalhar e suprir a família. Seria motivo de vergonha e sinal de fraqueza para ele caso a mulher precisasse abandonar o lar para ajudar financeiramente em casa.

Já dona Julieta, avó materna e mulher empreendedora, gostava de trabalhar e ter o seu próprio dinheiro. Com a ajuda da minha mãe, vendia doces e bolos de casamento e aniversário. Mas o que ela mais gostava era de viajar para São Paulo, onde comprava roupas de cama, mesa e banho para revender em sua própria casa. Com esse pequeno comércio, ajudou e apoiou as finanças de todos os filhos e netos, até o final de sua vida. Por isso, ela sempre dizia com orgulho: "Eu tenho o meu próprio dinheiro". Era pouco e obtido com muito suor, mas dava-lhe a liberdade de usá-lo como bem entendesse.

Era incrível essa atitude na época, e eu ficava fascinada e tinha grande admiração por ela e sua dedicação. Quando criança, sempre que íamos passear em uma grande loja local, inocentemente achava que aquela loja tão grande e linda era dela.

Assim, aos 9 anos comecei a entender que também precisava ter meu próprio dinheiro para comprar minha coisas sem precisar pedir para meus pais, mesmo que eles tivessem uma condição financeira muito confortável. Não tive dúvidas quando improvisei na varanda de casa a "Lojinha do Tem Tem", que funcionava depois do horário escolar. Lá eu vendia pulseiras de linhas coloridas com miçangas, produzidas por mim durante a noite. Precisei, no entanto, de um pequeno investimento: fui obrigada a quebrar o meu porquinho de moedas, no qual estavam as economias de vários meses. Contudo, com o dinheiro das primeiras pulseirinhas, investi em um novo cofre e em melhor material para confeccionar outras.

Eu amava fazer aquilo. Essa era uma maneira de testar a minha capacidade de ser independente – palavra que soava lindamente aos meus ouvidos. Foi um período maravilhoso para mim e foi quando comecei a entender como era bom ser produtiva e recompensada por meu trabalho, principalmente quando essa "recompensa" vinha em forma de notas, as quais já não cabiam mais no cofrinho e passei a guardá-las em uma caixa de sapato, que ficava embaixo da minha cama. Nesses anos de aprendizado, tive outras ideias incríveis, como fazer bordados nos sapatos Conga (famosos nos anos 1970 e que hoje voltaram à moda).

Toquei meu pequeno empreendimento até que chegou o momento em que precisei me dedicar mais aos estudos. Eles é que mudariam a minha vida por completo e me fariam deixar para trás uma vida em meio à natureza.

Apesar de ter nascido em Salvador, eu morava com meus avós paternos em Itabuna, onde cresci andando descalça e tirando leite de gado nos fins de semana. Tive uma infância lúdica e linda na fazenda, cercada de jardins e dos meus cachorros, papagaios e pássaros. No entanto, eu estava crescendo – e queria mesmo crescer –, e foi aí que percebi que crescer dói e exige sacrifícios e escolhas.

Havia chegado a hora de voltar a Salvador. Meus pais me esperavam na capital, e eu nem podia acreditar nisso. Como deixaria minha "voinha", vó Fi, e meu avô? Como sobreviveria sem a liderança e o amor deles? No entanto, naquela época – em que nos correspondíamos por cartas, já que não havia internet nem celular –, as faculdades estavam localizadas somente em Salvador. Para ocupar uma das poucas vagas oferecidas nas únicas duas faculdades de medicina, era necessário muita dedicação – como é até hoje. Definitivamente eu precisava ir para uma escola maior, que iria me habilitar para o vestibular.

Entre brincadeiras na calçada, pega-pega, pular corda, escola, aulas de piano, bichinhos de estimação, colegas da escola, eu nem percebi como tudo passou tão rápido. Dona Carmem, com sua praticidade e amor, me explicou a importância dessa mudança, já que, no auge dos meus 9 anos, eu estava com o coração partido. Ela, então, disse com sua voz firme: "Você quer ficar aqui e não ser médica? Você precisa realizar seu sonho, eu vou sempre estar aqui".

Hoje compreendo que a maior escola da vida eu tive convivendo com esses seres humanos que vieram ao mundo só para amar e fazer o bem. Foi com eles que aprendi a importância do amor ao próximo, da verdade, do trabalho correto, feito com dedicação e determinação e, com certeza, ensinei essas lições aos meus filhos também.

Já vivendo em Salvador, teve-se início uma parte importante da minha história e do que sou hoje. Meu pai é um homem de fibra e temperamento forte, desde aquela época. Um empresário nato, que construiu um império com grande dose de ousadia, sacrifício e determinação. Sentia-se orgulhoso e realizado por ser um excelente provedor de toda a sua família e de seus negócios. Como todo gestor, guardava o sonho de ter um sucessor para ser seu braço direito.

Eu possuía o mesmo espírito empreendedor, de liderança, a mesma determinação, foco e coragem que o meu pai. Porém, naquela época outro detalhe também faria toda a diferença: ser mulher. Para ele, assim como para a maioria da sociedade, esse fato tornava inviável a possibilidade de eu sucedê-lo. Pertencer ao sexo feminino me condicionava a ser uma jovem frágil, sem capacidade de lidar com as empresas, fazendas e negócios da família.

Ao meu pai, cabia o papel de ser o meu provedor e protetor até o momento em que eu seguisse o caminho mais comum na época: o casamento, que deveria ser aprovado por ele e minha família. Dessa maneira, seria conduzida até o altar e entregue ao meu novo provedor e protetor. Naquela época, eu ainda era submetida a uma educação muito rígida, focada nos estudos e na vida familiar, mesmo que minhas amigas já tivessem mais liberdade.

Eu ainda não me sentia com uma personalidade própria. Para todos, eu não era a Carla, e sim a "filha do Duva". Confesso que parecia acolhedor e bem confortável, porém eu queria mais, queria seguir construindo, crescendo e amadurecendo.

Atendi ao chamado do meu propósito

Fazer medicina, cuidar das pessoas, era algo que me atraía desde criança. Uma paixão que foi sendo alimentada dentro de mim, já que não havia nenhum médico na minha família. E esse detalhe acabou se transformando em mais uma barreira para que eu conseguisse seguir meu sonho.

Naquela época, em Salvador e, principalmente, na minha família, a medicina não era considerada uma área a ser seguida por mulheres. Por ser uma profissão que exige uma grande dedicação, provavelmente acreditavam que isso me impediria de ser uma boa esposa e dona de casa. Estranhamente, para a área da saúde, o máximo que poderia ser tolerado para uma mulher era a odontologia. Contar isso para quem vive nos dias atuais pode até parecer um machismo demasiado. Ainda que na época também fosse, esses valores eram levados muito a sério, inclusive pela minha família.

Então, por isso, aos 17 anos me inscrevi para o vestibular no curso de Odontologia. Apesar de achar uma carreira bonita e interessante, eu me imaginava conhecendo melhor meu paciente e podendo conversar com ele. Pensava como seria difícil conversar com uma pessoa com a boca aberta, sem poder responder. Eu me interessava pelo paciente como um todo, e o diálogo seria fundamental para mim. Sem estímulo ou vontade de me preparar, não fiz nenhuma questão de levar a prova a sério, até posso ter errado algumas respostas propositalmente. Como era de se esperar, não entrei no curso de Odontologia, o que me deixou muito aliviada, mas meus pais ficaram desanimados.

Após a divulgação dos resultados, meus pais me colocaram em um cursinho pela manhã e em um curso de datilografia, à tarde, pois minha mãe dizia: "Se não passar no vestibular, pode trabalhar como secretária". Como assim? Eu queria ser médica! Então, foquei mais do que nunca no curso de Medicina.

No final de um ano de muita dedicação, me inscrevi para o vestibular para Medicina. As provas seriam em dezembro, e eu estava muito ansiosa, mas confiante. Em janeiro de 1986, finalmente pude ler no principal jornal da cidade meu nome na lista dos aprovados no curso de Medicina. Antes de completar 18 anos, eu estava matriculada na universidade. Eu dava os primeiros passos para deixar de ser apenas a "filha de Duva" e me tornar a dra. Carla. Ainda que o papel de "filha de

Duva" fosse confortável e seguro, eu queria muito mais. Sentia a necessidade de crescer, de mudar a história.

Durante meus estudos, por meio dos livros e até mesmo da mídia, conheci e comecei a nutrir uma enorme admiração pelo trabalho do dr. Henrique Walter Pinotti, um dos mais reconhecidos e respeitados médicos-cirurgiões gástrico do país, o qual estava à frente dos cuidados médicos de Tancredo Neves. Admirava também sua postura como pessoa e médico. Nascia então um novo objetivo que defini para a minha vida: fazer minha residência médica com o cirurgião autor dos livros que eu tanto estudava. Sabendo que a cirurgia geral seria fundamental para seguir qualquer área médica, foquei nesse objetivo, o qual traria desafios, aprendizados e superações. No entanto, para isso, seria necessário me mudar para São Paulo.

Ao manifestar meus planos, tive que enfrentar mais uma vez o conservadorismo de meu pai. Como já era de se esperar, sua reação foi de espanto, preocupação e até negação, pois seria muito difícil imaginar que eu estaria tão distante, já que naquela época não havia celular e internet, e o telefone fixo era artigo de luxo. Na época, as linhas telefônicas eram alugadas, e mantinha-se contato por telefone fixo ou cartas.

Apesar disso, não compreendi a reação de meu pai e me senti solitária e sem apoio. Foi um momento muito difícil; cheguei a pensar que estava perdendo o amor dos meus pais. Só fui entender mais tarde que todas as atitudes rudes e frias, na verdade, eram tomadas por amor. Hoje, eu entendo que essa foi a forma que ele encontrou para tentar me segurar e me manter por perto.

Realizei, então, a prova de admissão para a residência médica com o prof. dr. Henrique Walter Pinotti e fui aprovada. Fui a terceira mulher que conseguiu entrar para a sua equipe. Essa conquista novamente deixou meu pai muito preocupado. Como eu poderia participar de um ambiente tão masculino?

Uma nova vida em São Paulo

Antes de minha partida definitiva para São Paulo, meu pai fez uma nova tentativa de me segurar por perto. Uma oferta de montar para mim, em Salvador, uma clínica completa, equipada com a tecnologia mais avançada. Ele me entregaria a chave com tudo pronto, apenas para que eu entrasse e começasse a trabalhar.

Muita gente, ao conhecer esse momento de minha história, pode considerar que foi uma oferta tentadora, e foi mesmo. Contudo, garanto que, nem por um instante, em nenhum momento, essa proposta plantou dúvidas sobre qual caminho eu deveria seguir. Uma coisa já estava consolidada em meus planos: construiria minha carreira com meu próprio esforço e seguiria com a minha visão de trabalho diferenciada, visando sempre os meus objetivos. Seguir os meus sonhos passou a ser uma questão de honra. Sentia a necessidade de caminhar com minhas pernas. Viver em São Paulo seria a oportunidade perfeita. Em São Paulo eu era apenas uma residente chamada Carla e tudo dependeria de mim, da minha dedicação, da minha fé. Porque sempre tive muita fé em Deus e acredito firmemente que Ele sempre guiou os meus caminhos, me guiou e protegeu.

O caminho, que para muitos nordestinos significa uma tentativa de ascensão e fuga de uma situação de pobreza, para mim, que saía do conforto de uma família bem estruturada e com uma situação financeira bastante acima da média do país, aquele momento carregava um significado oposto. Era a oportunidade de minha vida, a chance de recomeçar em uma realidade menos confortável e sem paparicos; era o momento de encarar todos os desafios para os quais eu nunca fui preparada, e teria que enfrentá-los sozinha, seguindo o caminho que eu escolhi para mim.

Arrumei, então, minhas malas. Também nesse momento as figuras femininas tão fortes na minha vida estavam presentes. Minha avó materna, dona Julieta, não deixou de me apoiar. Com sua personalidade determinada e muito amor, seguiu comigo para São Paulo, me animando e falando o quanto me admirava. Um verdadeiro anjo. Gostava de dizer que eu era como ela: guerreira. Assim viemos para essa cidade, chegando, para a minha alegria, no dia 25 de janeiro, data em que São Paulo faz aniversário. Portanto, era um dia de festa.

Foi impossível não me assustar com essa megalópole, ainda que já tivesse viajado a outros países, mas todas as vezes a passeio (sempre quis morar fora, no entanto seria financeiramente inviável para minha família). Não era minha primeira visita, mas o primeiro encontro com um novo mundo que a partir daquele momento era o meu. Um universo de superlativos onde, para quem é de fora, tudo é muito mais do que se imagina, para o bem ou para o mal. Trabalha-se mais do que se imagina, os preços são mais caros do que se imagina e, como não poderia deixar de ser, apesar da modernidade, os homens são mais machistas e preconceituosos do que se imagina, inclusive no ambiente dos centros cirúrgicos – exatamente como meu pai temia.

De qualquer forma, o susto inicial foi importante, pois me obrigou a ter mais determinação e vontade. Na nova cidade, eu era apenas a Carla, uma médica em formação.

Minha avó me ajudou nesse período inicial, e nós passamos dias mágicos. Ela ficou em São Paulo comigo por vários dias e até festejamos o meu aniversário. Em dada ocasião, sentindo-se segura, disse: "Cau, você já estava pronta. Tenho muito orgulho de você. Te amo". Esses momentos únicos estão no meu coração e sei que minhas avós foram verdadeiras guardiãs emocionais, exemplos de força. Devo a elas minha admiração e respeito por nós, mulheres.

Iniciei, então, minha residência médica exatamente como e com quem eu queria. O prof. dr. Pinotti era um cirurgião do aparelho digestivo, e rapidamente percebi que, como tudo nessa metrópole, a gastrenterologia era uma área mais machista do que eu poderia esperar. Para conviver ali com meus colegas do sexo masculino e impor o meu espaço, fui aprendendo a criar uma espécie de escudo. Tentava tirar o foco do fato de eu ser mulher adotando roupas largas e um onipresente rabo de cavalo no cabelo. Para esconder a jovialidade, eu tinha um inseparável par de óculos com lentes sem grau, do qual eu ainda não precisava.

Naquela época, além do machismo, também sofri com a falta de apoio de outras mulheres, que dificultavam o crescimento e aprimoramento das próprias mulheres. Foi um momento de grande aprendizado e também de focar na meta e trabalhar e estudar em dobro a fim de crescer.

De repente, de filha me vejo mãe

Logo minha vida mudou; em poucos meses me tornei residente, esposa e mãe. Fui transportada do papel de filha protegida e mimada – mas que abriu mão de manter-se sob as asas do pai a fim de seguir seu propósito de vida – para o papel de médica, dona de casa e mãe.

A magia da maternidade me encantou e foi um marco em minha vida. Ela me modificou em diversos aspectos: me tornei muito mais forte (me sentia uma leoa!); me transformei em uma pessoa muito melhor; conheci o amor incondicional; aprendi com a natureza os caminhos da doação, da proteção e do verdadeiro amor; passei a entender melhor os meus pais; e aprendi a manter o foco. A partir de minha gestação, tive a certeza de que, daquele momento em diante, eu era a dona da minha própria vida, além de ser responsável por uma nova vida. Um serzinho lindo que se formava dentro de mim viria para esse mundo e eu queria dar o meu melhor a ele.

Além desse crescimento pessoal, a gestação me possibilitou experimentar um fenômeno interessante. Foi uma das fases de maior aprendizado de toda a minha vida. Por ser mulher e nordestina, sempre senti o preconceito no ambiente hospitalar não só por parte dos homens, mas também das mulheres. A partir do momento em que a barriga começou a aparecer, as mulheres que outrora me olhavam de soslaio passaram a demonstrar cada vez mais empatia, a ponto de se tornarem minhas protetoras no ambiente de trabalho. Já entre os colegas homens, a distância aumentava e, talvez por medo de eu ser privilegiada devido à minha situação, tomavam atitudes rudes e pouco cavalheiras. Eles faziam questão de não me auxiliar quando, por exemplo, algo caía no chão ou eu precisava empurrar o carrinho cirúrgico cujas rodas estavam quebradas. Esse comportamento me trouxe uma sensação enorme de injustiça; eu me sentia realmente desconfortável com toda aquela situação.

Como eu era muito jovem, apesar de estar me preparando para ser uma profissional da saúde, tinha algumas inseguranças e dúvidas acerca da gravidez. Não sabia como agir nas situações de machismo e preconceito. Também não sabia lidar com questões de saúde, beleza, bem-estar e autoestima. Eu não tinha mulheres da família convivendo perto de mim nem encontrava nenhum tipo de informação na literatura. A internet ainda não era popular, e os colegas ginecologistas estavam focados em partos e na saúde da mãe e do bebê. Passei, então, a direcionar meu olhar para as necessidades de nós, mulheres. Pesquisava tudo sobre o assunto e fazia muitas anotações – inclusive sobre as sensações as quais tive o privilégio de vivenciar. Essas notas, alguns anos depois, transformaram-se em meu primeiro livro, *Grávida e bela*. Atualmente, é um best-seller sobre gravidez, saúde e beleza.

Voltando à época de minha gravidez, durante esse período, fiz questão de trabalhar ainda mais para comprovar minha capacidade. As enfermeiras, preocupadas, em muitas ocasiões insistiam para que eu fosse embora mais cedo para descansar. E, já no final da gestação, por mais de uma vez ouvi delas que, se eu não fosse embora, minha filha acabaria nascendo a qualquer momento dentro do centro cirúrgico. Mesmo exausta do trabalho e de carregar com orgulho a minha barriga, ainda me sobrava bom humor para responder: "Então, se nascer agora, estou no lugar certo". Ao que elas respondiam, não sei se entrando na piada ou realmente preocupadas, que ali não era uma maternidade.

Nasceu, então, minha princesa Carolina e com ela um novo sentimento de preocupação. Enquanto estava grávida, saber que ela permanecia ali, comigo o tempo todo era tranquilizador. Desde seu nascimento, à medida que meu instinto protetor de mãe aflorava, eu sabia que, ao término do período da licença-maternidade, eu precisaria deixá-la em casa e não poderia estar ao seu lado 24 horas por dia. Minha mãe e minha avó acabaram vindo a São Paulo para me tranquilizar, pois eu me recusava a deixar meu bebê com um estranho; então, elas faziam um rodízio de temporadas para me ajudar a dividir meu tempo entre ser mãe e terminar a residência.

Ser mãe transformou minha vida de forma radical, e acredito que o instinto materno se manifeste assim com todas as mulheres. Não se trata de uma transformação relativa a se dedicar mais ou menos ao trabalho, mas de mudança de prioridades. Todo o meu esforço foi canalizado para a criação da minha filha. O supérfluo acabou se tornando caro e dispensável – por exemplo, abri mão de visitar o cabeleireiro e passei eu mesma a pintar os cabelos e fazer as unhas em casa. Todo o meu dinheiro era dedicado à minha filha e à sua educação. Como sempre tive o perfil de manter tudo organizado e planejado, eu conseguia organizar também as finanças da família e oferecer a ela o melhor para a sua formação.

Surgiram também situações nas quais eu nunca poderia me imaginar, como buscar de supermercado em supermercado os melhores preços e lavar fraldas de pano (já que Carolina desenvolveu uma alergia às fraldas descartáveis). Claro, tudo isso era um trabalho árduo, mas eu o fazia com um imensurável prazer. Cada um desses desafios me obrigava a oferecer o melhor de mim e me aproximava cada vez mais do que eu acreditava ser minha realização pessoal. Nunca me senti uma vítima da situação; eu estava caminhando para a realização de um sonho, e a maternidade só me deu mais determinação e garra. Foi uma das melhores coisas que aconteceram na minha vida.

Após três anos de residência, me formei como médica-cirurgiã. Durante a juventude, cheguei a acreditar que o diploma na mão seria a realização de meu sonho e que, com ele, começaria a colocar em prática o meu propósito de vida. No entanto, a chegada de minha filha transformou tudo. A vontade de oferecer a ela o melhor possível fez que eu revesse meus planos e tomasse consciência de que eu precisava ir mais longe: tudo que eu investisse na minha carreira seria em benefício dela. Minha jornada e minha missão de vida estavam apenas começando.

Encontrando meu lugar no mundo

Desde muito jovem, sempre me relacionei com as pessoas de forma muito empática. Tinha a preocupação de deixá-las confortáveis e de estimulá-las a fazer o seu melhor e a evoluir. Eu era aquela pessoa que sempre tinha uma palavra de incentivo. Os desafios que enfrentei sozinha no início de minha carreira, em São Paulo, me fizeram refletir: se mesmo sendo uma boa profissional, formada, vinda de uma família estruturada, eu me deparei com dificuldades, como outras mulheres que não tinham uma base tão consistente se sentiam e quais as barreiras que enfrentavam para alcançar seus objetivos?

Isso fez com que eu tomasse consciência de que meu papel como médica ia muito além de tratar uma disfunção física; meu papel deveria envolver o bem-estar emocional dos meus pacientes. Assim, a necessidade de compreender a vida do outro como um todo veio à tona e se tornou uma característica mais forte da minha personalidade. Foi então que entendi que o meu propósito na medicina era maior e mais importante do que eu imaginava, e comecei a buscar o caminho que permitiria, como médica, influenciar as pessoas e estimular sua autoestima.

Encontrei na área de dermatologia as ferramentas que me permitiriam exercer a vocação que aflorava cada vez mais. Naquela época, não encontrei no Brasil uma formação que me prepararia como eu gostaria, o que tive que buscar em uma pós-graduação fora do país. Mais um momento de uma difícil decisão em minha vida, já que ao iniciar esta especialização, de tempos em tempos eu precisava me ausentar de casa por dez dias. A cada viagem era mais difícil deixar minha família. Às vezes, eu viajava chorando e me sentindo culpada. No entanto, mantive o foco, certa de que o investimento em minha carreira era um investimento no futuro dela.

As dúvidas sobre minhas ausências e se elas afetariam meu pequeno bebê vieram para somar àquelas tantas outras que tive durante a gravidez e também depois, enquanto minha filha era recém-nascida. A falta de informações que pudessem me ajudar em rotinas simples fez nascer em mim a ideia de escrever meu primeiro livro, ao qual fiz questão de dar o título de *Grávida e bela*. A palavra "bela" remete-se a todas as áreas que proporcionam conforto e bem-estar às mulheres. Foi o primeiro livro do gênero escrito por uma médica, brasileira e grávida. Nessa época, a internet já havia se popularizado, o que me fez criar também um site homônimo.

Apesar do gosto pela escrita e dos inúmeros poemas e contos que redigia como hobby, quando criança e na adolescência, aqueles antigos textos nunca saíram da minha gaveta. Eu não tinha ideia de como funcionava o mercado editorial. Isso, porém, não me desestimulou ou impediu de concretizar a meta de lançar um livro. Pesquisei quais editoras poderiam se interessar pelo meu projeto. Logo que entrei em contato com uma delas, obtive resposta. Eu tinha tanta confiança e fé que a reunião foi um sucesso. Para minha surpresa e alegria, apenas três dias depois, o contrato estava pronto e, assim que assinasse, começaria a escrever.

Logo durante os primeiros esboços, mais uma grande surpresa em minha vida: seis anos depois do nascimento de Carolina, fiquei grávida de meu segundo filho, o Afonso. A segunda gravidez chegou em um momento no qual já estava estabilizada financeiramente, já contava com uma pessoa de confiança para me ajudar em casa e tinha liberdade e flexibilidade de horário, de forma que podia ter as manhãs livres. Essa é uma prática que trago comigo até hoje. As manhãs pertencem a mim e aos meus filhos; é quando cuido deles e de mim, é quando paro para escrever meus livros, fazer alguma atividade física e estudar.

Este momento de dedicação é o que eu chamo de "tempo útil". Até hoje acredito ser muito mais vantajoso reservar algumas horas de qualidade com os filhos, do que abdicar de tudo para passar o tempo todo com eles em casa, o que poderia me deixar uma mulher descontente, talvez depressiva, que não daria bons exemplos e ensinamentos. Tornaram-se dois jovens lindos e bem-educados. Afonso, é um verdadeiro cavalheiro, e Carolina, já assumiu um cargo importante na área que escolheu, Tecnologia da Informação, e tem viajado o mundo graças ao seu trabalho. Talvez seja até óbvio dizer o quão grande é o orgulho que sinto deles; temos uma relação familiar maravilhosa.

O livro *Grávida e bela* foi publicado e se tornou um grande sucesso. Abriu-me muitas oportunidades, como a felicidade de lançar o livro durante uma entrevista no Programa do Jô (que foi também meu primeiro contato com a Rede Globo). Continuei também realizando palestras pelo Brasil e passei a participar como consultora médica de programas das principais redes de televisão e em programas de rádio.

Observação: minha carreira em ascensão acabou tirando o meu casamento da zona de conforto, e nossas trajetórias, planos e sonhos começaram a seguir caminhos diferentes. E chegamos à conclusão de que a separação traria mais benefícios. Após quinze anos de união, o casamento chegou ao fim, mas a parceria na criação dos filhos continua.

Depois disso escrevi outros três livros: *Mãe, e agora?*, *Belíssima: aos 40, 50, 60, 70...* e *Beleza sustentável: como pensar, agir e permanecer jovem*. Aquela mulher tímida sentada no sofá do Jô Soares tornou-se consultora médica na programação da Rede Record, com um quadro fixo de grande sucesso em um programa de auditório, e passou a participar também de outras atrações da emissora.

Hoje, sinto-me totalmente realizada no que eu faço. Minhas manhãs continuam livres, e é em uma delas que estou escrevendo este livro. De qualquer forma, sei que ao chegar ao consultório não terei hora para sair, mas o trabalho só me traz alegrias; se estou cansada no fim do dia, só consigo pensar que o prazer de estar vivendo o meu sonho realizado é muito maior do que qualquer outra coisa. No entanto, isso não significa que, aos 50 anos, cheguei ao topo e vou me acomodar; novos sonhos e novas metas nascem a todo tempo. Conversar com as grandes mulheres que participaram deste projeto e ouvir suas histórias me inspiraram ainda mais a seguir ajudando mais pessoas com o meu ofício e a chegar mais longe.

No início de minha história, no interior da Bahia, eu era uma garota sem identidade para a sociedade, era conhecida apenas como a "filha de Duva". Meu pai tinha planos para mim totalmente diferentes dos meus. No entanto, aos poucos ele entendeu minhas atitudes, aprendeu a respeitar minhas escolhas e a ter orgulho de tudo que conquistei. Hoje, ele me incentiva e adora ser conhecido como "o pai da dra. Carla". E vocês não vão acreditar no que ele sempre fala: "Que pena que minha neta não quis ser médica como você!".

REESCREVA SUA HISTÓRIA

Síndrome do patinho feio

No famoso conto infantil do escritor dinamarquês Hans Christian Andersen, um filhote de cisne é chocado no ninho de uma pata. Por ser diferente dos outros filhotes, seus irmãos, o cisne acaba sendo perseguido, ofendido e maltratado pelos patos e também por outras aves. Sofrendo e cansado de tanta rejeição, o "patinho feio" foge do ninho e enfrenta um rigoroso inverno contando com o auxílio de um casal de camponeses. Quando chega a primavera, ele retorna ao lago e encontra um bando de cisnes. Assim como nos aproximamos de amigos cujos interesses são comuns, como as "tribos urbanas", ele se identifica e é aceito nessa comunidade. Seus novos amigos o recebem de braços abertos e ainda o reconhecem como o mais belo do grupo.

Recordar essa fábula é uma tarefa simples, pois basta citar "patinho feio" que qualquer pessoa já sabe como esse conto começa e termina. No entanto, observar a própria vida e reconhecer que, muitas vezes, essa história acontece com você, e que você é a protagonista, não é tarefa fácil. Alguma vez, você já se viu em uma história parecida? Já se sentiu uma estranha no ninho?

A chamada "fase do patinho feio" é bastante comum na adolescência e é um dos períodos mais complicados e transformadores na vida de uma pessoa. É o momento em que são cobradas dos jovens escolhas e decisões que eles, nem sempre, têm maturidade suficiente para resolver. São inexperientes, trazem a bagagem ainda vazia, não são mais crianças, e também não são adultos e todos os medos e as inseguranças se manifestam ao mesmo tempo.

Os adolescentes sofrem não somente a pressão externa, mas também a interna, ocasionadas pela busca incessante por definir seu papel e achar seu lugar no mundo, bem como pela aceitação das pessoas à sua volta. Isso lhes causa sentimentos de introspecção e timidez que reforçam ainda mais os medos e as inseguranças. É por isso que, nessa fase, os valores são testados e colocados à prova, e poderão cair por terra. É também nesse momento que, geralmente, formam-se o caráter e a visão de mundo e de sociedade, com enorme influência de tudo que os cerca.

Tudo isso já é um desafio e tanto para os jovens, não? Assim, quando sentem dificuldades ou não conseguem se inserir nos padrões estéticos, financeiros e culturais impostos e às altíssimas expectativas das pessoas à sua volta, acabam se reconhecendo como pessoas inferiores, incapazes ou feias. Esses sentimentos podem gerar traumas que, de acordo com a psicologia, podem acompanhar um indivíduo por toda sua vida e comprometer sua carreira, seus relacionamentos ou quaisquer meios em que estiverem inseridos quando adultos.

Sobretudo no caso das mulheres, sair de uma situação em que são aceitas as imposições da sociedade e passar a rejeitar esses padrões, manifestando força para se reconhecer como um ser único e independente, não é uma tarefa simples. As forças essenciais para isso são o amor-próprio e, principalmente, a autoestima, que vão encorajá-las e impulsioná-las em direção a esse desafio.

Autoestima é a capacidade de o ser humano apreciar-se e gostar de si mesmo, de admirar suas próprias qualidades. Essa habilidade pode estar presente na vida das pessoas em diversos níveis, dependendo da individualidade de cada um, de como viveu a infância, a adolescência e dos estímulos positivos e negativos que recebeu. Trata-se de um elemento essencial para fortalecer o indivíduo mediante os obstáculos com os quais vai se deparar durante a vida.

Uma boa notícia é que a autoestima pode ser desenvolvida. Você pode aprender a se admirar e gostar de si mesma. Para tanto, um dos caminhos é o processo de autoconhecimento. Buscar dentro de você quais são suas virtudes e fortalezas. Ao conhecer a fundo as ferramentas de que dispõe, com certeza seguirá para a batalha mais confiante e com mais chances de vitória.

Apenas o autoconhecimento, a maturidade e a autoaceitação podem contribuir para que uma pessoa saia da superficialidade e descubra o mundo por seus próprios olhos, emoções e sentimentos. Mesmo que pareça ameaçador, é preciso encarar os medos e encontrar as próprias ferramentas para enfrentar as adversidades. Só assim é possível conseguir seu desenvolvimento pessoal.

Desmistificando o empoderamento

Não há dúvida de que esta segunda década do século XXI será lembrada como o período de grande importância na valorização do papel das mulheres na sociedade, no empoderamento feminino e na diminuição das diferenças entre os gêneros em um mundo que tem sido dominado pelos homens. Uma época em que as mulheres tiveram coragem de denunciar e trazer a público assédios sofridos no ambiente de trabalho ou em casa. Um exemplo são as celebridades de Hollywood. Nomes de grande prestígio do cinema norte-americano – produtores, diretores e atores – passaram a ser boicotados como forma de manifesto e de se dizer "chega".

Trata-se de um fenômeno social de extrema importância para o objetivo deste livro. Contudo, alguns movimentos específicos ou mais radicais se apropriaram da palavra "empoderamento", que acabou sendo banalizada, utilizada à exaustão, muitas vezes com interpretações equivocadas. No entanto, é importante destacar que trazer essa reflexão não significa reduzir a importância de qualquer coletivo ou minoria que busca seus direitos; toda tentativa em melhorar a qualidade de vida das pessoas é válida. Aqui, a intenção é resgatar o empoderamento em uma de suas acepções mais importantes: a de fortalecer as mulheres para que elas mesmas sejam as protagonistas dessa mudança, independentemente de quais sejam suas escolhas ou a quais grupos pertençam.

Sendo assim, empoderar as mulheres significa possibilitar que possam exigir seu espaço na sociedade, tanto no ambiente profissional como no familiar e conjugal, e até na forma como enxergam a si mesma. É despertar o que já existe dentro delas: o poder, a força que somente as mulheres têm. É permitir que façam suas próprias escolhas sem que sejam pressionadas por regras impostas pelos homens. É a liberdade, a independência e a individualidade. É o reconhecimento de ser detentora dos mesmos direitos que o restante da sociedade.

No passado, as mulheres não podiam se dedicar aos estudos. Somente era permitido que elas cursassem os primeiros anos, a fim de serem minimamente alfabetizadas; algumas mulheres não tinham acesso nem a isso. Elas também não podiam votar. E pasmem, somente no ano 2000 as advogadas puderam entrar nos fóruns brasileiros usando calças; antes disso apenas saias eram permitidas. Certamente todas vamos concordar que tais diferenças de direitos entre pessoas apenas pela questão de gênero é um verdadeiro absurdo e que cada uma dessas conquistas foi um ato de empoderamento.

Atualmente, as mulheres podem estudar livremente e votar, e as advogadas já podem desfilar com suas calças em qualquer fórum do país. Porém, ainda estamos longe da igualdade total. A representatividade das mulheres, por exemplo, ainda é mínima nos cargos de liderança e entre os cargos eletivos do país. Homens que trocam frequentemente de parceiras são símbolo de masculinidade enquanto as mulheres são consideradas inferiores ou qualquer outro adjetivo de baixo calão que venha à sua cabeça neste momento. E há homens que acreditam que somos obrigadas a ouvir caladas os gracejos e a aceitar a falta de respeito no ambiente de trabalho ou quando andamos pela rua. Não! Não toleraremos mais essa atitude e nenhum retrocesso de nossas conquistas.

Além disso, o mundo inteiro reconhece que o empoderamento das mulheres é fundamental para o desenvolvimento econômico, social e cultural em nível global.

Isso não significa que as mulheres devem se acomodar e acreditar que sua trajetória não será muito mais desafiadora do que a de um homem para alcançar o mesmo objetivo. Por essa razão, é necessário coragem de desejar a mesma posição de um homem e de tentar alcançá-la com todas as suas forças. Mesmo que para isso precise se mostrar muito melhor do que ele.

Defina quais são suas metas e seus objetivos

Uma das coisas mais importantes durante uma jornada em direção à realização de seus sonhos é não se deixar desviar no meio do caminho, principalmente porque os obstáculos com os quais nós nos deparamos ainda são maiores do que os dos homens. É preciso redobrar a atenção quanto a isso, pois, além desses obstáculos, enfrentamos diversos rituais de passagem, e certos costumes consolidados pela sociedade – como a superproteção da família durante a adolescência e a juventude, o casamento e a chegada dos filhos – estimulam-nos a nos acomodar.

Por isso, é essencial definir suas metas e seus objetivos e conhecer caminhos que a aproximam da realização de seus sonhos. É importante também prever as barreiras que surgirão a fim de se preparar para enfrentá-las. Isso será uma grande ferramenta para mantê-la com foco e firme em seu propósito.

Antes de começar a imaginar seus objetivos e planejar sua realização, é preciso ter de forma clara as definições e as diferenças entre uma meta e um objetivo. Para isso, usaremos como exemplo o empreendedorismo, um sonho muito comum entre as mulheres.

Imagine uma mulher que tenha vontade de empreender, por exemplo criando sua própria grife de roupas ou abrindo uma loja de presentes ou um restaurante. Inaugurar sua empresa é o objetivo final. No entanto, do dia em que a ideia foi concebida até o momento em que o sonho será realizado existe um longo caminho a ser percorrido. Diversas etapas devem ser cumpridas e atitudes devem ser tomadas para que o projeto possa ser materializado. Então, cada uma dessas etapas serão as metas.

Digamos que seu objetivo é ter sua própria marca de moda. Terá então que pensar em algumas questões: você já possui conhecimentos técnicos e de gestão minimamente indispensáveis nessa área? Você será responsável pela produção ou vai terceirizar? Quem vai desenhar? Terá uma loja física ou apenas virtual? Já tem o capital necessário? Caso não tenha, como vai consegui-lo? Qual será o nome e o logo da sua marca? Cada um desses pontos levantados são as metas que vão levá-la até seu objetivo final.

Veja bem, seus sonhos só serão realizáveis se forem transformados em um objetivo. Uma das formas de começar a dar esse primeiro passo é pegar papel e caneta e anotar seu objetivo final e tudo que será necessário para concretizá-lo, cada degrau que será necessário subir. Que tal começar agora?

Essa prática pode parecer um pouco trabalhosa ou burocrática, no entanto, tenho certeza de que, quando começar a riscar de sua lista as metas realizadas, se sentirá mais estimulada do que nunca. Quando mantemos nosso foco apenas no destino final e não em toda a estrada que será percorrida, os desafios com os quais nos deparamos parecem maiores do que realmente são. O sonho, então, parece cada vez mais impossível, causando frustração e, consequentemente, desistência.

Ao ler as histórias inspiradoras de grandes mulheres, que integra a quarta parte deste livro, você conseguirá identificar como esses passos foram seguidos por cada uma delas. Ainda que, em alguns casos, podem ter sido tomados inconscientemente, por intuição feminina, o caminho percorrido estava lá.

É preciso confiar em si mesma

Não existe nada que prejudique mais sua trajetória e te afaste mais dos seus sonhos do que não confiar em si mesma e em sua própria capacidade. Como diz a filosofia popular: "Se você não acredita em você mesmo, quem vai acreditar?". E o povo é realmente muito sábio, pois essa máxima é totalmente verdadeira. Em um mundo moderno guiado pela inovação com descobertas que surgem a cada momento, não há espaço para o ceticismo, principalmente sobre do que você é capaz.

Livrar-se de seus medos é o primeiro passo para nutrir a autoconfiança. E uma forma de se livrar deles é lembrar que você é a única responsável por tudo o que acontece na sua vida, para o bem ou para o mal. Você vai deixar que suas inseguranças, que talvez sejam coisas íntimas trazidas como herança de sua criação familiar ou da escola, impeçam-na de realizar seus sonhos? Você será a culpada por fracassar?

Acredito que muitas de nossas inseguranças estão totalmente ligadas a uma baixa autoestima. Nós somos exatamente aquilo que pensamos de nós mesmos e como nos enxergamos. Para exemplificar isso, tomemos os casos das pessoas que sofrem de distúrbios alimentares, como a anorexia e a bulimia – os quais são exemplos extremos desse problema. Elas já estão extremamente magras, ao ponto de correr risco de morte por falta de nutrientes, mas continuam se achando acima do peso. Nada consegue convencê-las de que não estão gordas: nem as pessoas à sua volta que tentam mostrar a realidade, nem quando se olham no espelho ou sobem em uma balança.

Utilizei este exemplo bastante chocante, pois estou certa de que a situação das pessoas que sofrem dessa patologia vai parecer algo absurdo, e para quem nunca passou por isso e até difícil de compreender como é possível. Então, a partir de agora, reflita e tome consciência de que é igualmente absurdo alguém dizer que você é capaz de fazer algo e você mesma dizer que não. Você não estará enxergando sua capacidade, assim como aqueles pacientes não enxergam que já estão magros e desnutridos.

Quando buscamos uma transformação em nossa vida, a primeira mudança deve ser realizada em nosso modo de pensar; para isso, devemos nos observar sob uma nova perspectiva, mais positiva e cuidadosa. Por exemplo, evite se comparar com outras pessoas, cada uma de nós é única e reage de forma diferente à vida; e não tenha medo de arriscar, é impossível chegar a qualquer lugar sem alguns tropeços.

Se você for capaz de reconhecer seu valor, sem depender tanto do que os outros pensam a seu respeito, terá motivação para realizar tudo que deseja para sua vida, mesmo que eles signifiquem abrir mão de prazeres efêmeros. O segredo para se sentir bem é ter orgulho de si e de suas conquistas.

Vá além dos seus limites

Depois de se conscientizar de que você é capaz, é a hora de ir além de seus limites. Esse é um conselho valioso principalmente para as mulheres, pois elas não conhecem o tamanho do poder que possuem. Muitas vezes, quando acreditam que chegaram a seu máximo, que já tentaram de tudo, ainda têm uma energia reservada, uma capacidade de continuar firmes em seu propósito e vão além. Essa é uma habilidade exclusivamente feminina que, quando despertada, permite que as mulheres desfrutem uma vida plena e realizada.

Muitas vezes, o que nos impede de superar os limites são os medos que trazemos dentro de nós. São eles que boicotam os nossos sonhos. Em um tópico anterior falei sobre a definição de metas e objetivos; caso já tenha seguido minha sugestão e colocado tudo em um papel, sei que cada meta anotada pode ter trazido um medo ou receio de não conseguir realizá-la.

Ou talvez esteja com pavor de começar e, a partir daí, conhecer os desafios que terá pela frente, tentando evitá-los e procrastinando a solução, uma resistência que a impediu de buscar, até mesmo, o papel e a caneta. Lembre-se: libertar-se dessas amarras é o primeiro passo para o seu autoconhecimento.

O problema é que esses limites e medos são estabelecidos, ou aprendidos, de nossos pais, professores e de todos aqueles que nos rodeiam – pelos quais temos respeito e admiração. Mesmo que em alguns casos o motivo seja nos proteger, o resultado desse comportamento é acabar nos convencendo de que podemos realizar menos do que, na verdade, somos capazes.

Nossa mente é extremamente poderosa. Quando nos convencem de que somos incapazes de obter determinada conquista, nosso corpo passa a não dedicar toda a energia necessária, seja ela física, intelectual, para sua realização, e já nos damos por derrotadas antes de tentar. Contudo, a boa notícia é que o inverso também é verdadeiro. Ao confiar em nosso poder e acreditar que somos capazes, encontramos forças que nem conhecíamos e conseguimos ir além de nossos limites.

Neste ponto você deve parar de pensar: "Eu fui criada dessa forma, não tem mais jeito, a culpa é dos meus pais, da sociedade machista, que não me deram oportunidades...", e passar a pensar: "Eu fui criada assim, mas posso mudar. Eu confio no meu potencial e não vou deixar que ninguém, mesmo do passado, defina o que sou capaz e atrapalhe a realização dos meus sonhos". Se você consegue ter essa mudança de consciência, saiba que já é um primeiro passo para superar seus limites, e o propósito deste livro já começa a fazer sentido.

Casamento e família

De acordo com o escritor e filósofo Alain de Botton, instintivamente, escolhemos a quem amar de acordo com as características que conhecemos desde a infância, por meio de nossa criação. Somos guiados de forma inconsciente até aquelas pessoas que acreditamos que será a melhor para nós e, quando ela se encaixa nesse perfil, nasce o amor. Para ele, apenas por saber disso, nossa busca pela alma gêmea já se tornará mais fácil.

Parece muito simples, pois cumprindo-se a teoria, você encontrará a pessoa certa que vai completá-la, com quem se casará, construirá uma linda família e viverá feliz para sempre. O grande problema nessa história, para não dizer o enorme, é que nós, seres humanos, somos extremamente indisciplinados na hora de obedecer aos nossos instintos – o que explica a ausência de lindas e românticas histórias de amor na vida de todas as pessoas; muito mais comum é encontrar histórias de relacionamentos fracassados e casamentos interrompidos.

Isso significa que é preciso arriscar-se e passar pela experiência de ter relacionamentos amorosos. Você não pode deixar que a insegurança a atrapalhe de encontrar a pessoa certa. Não há como prever o futuro, contudo, no presente, é possível mostrar que é uma mulher empoderada que assume o controle das escolhas que faz para sua vida.

Anteriormente falei um pouco sobre os medos serem um reflexo de como, onde e por quem fomos educados. Cada vez mais as crianças são criadas por pais que optaram pela separação – situação muitas vezes rotulada como fracassada. Os filhos, então, tornam-se adultos com medo de repetir o mesmo insucesso.

Mas o que seria um relacionamento malsucedido? É muito comum as pessoas confundirem o término de uma união com o fracasso. No entanto, um casal que esteve em uma relação harmoniosa durante dez anos, criou os filhos e construiu uma família, mas, por motivos que são inerentes à intimidade de cada um, decidiu colocar um fim no casamento após uma década, não pode ser considerado um caso de fracasso. Esse foi um casamento que deu certo por dez anos.

Uma das dicas de ouro para a felicidade em uma relação familiar, seja entre companheiros, com os filhos e até mesmo com parentes e amigos, é a flexibilidade. Nós mudamos o tempo todo, aprendemos coisas novas, buscamos novas experiências e, por isso, devemos ser conscientes de que as outras pessoas também mudam. Portanto, para que um relacionamento seja sustentável é preciso ceder, ser tolerante, saber respeitar o espaço do outro. Não são exatamente essas coisas que nós, mulheres, estamos buscando na conquista de nossos direitos?

Além disso, sempre é bom lembrar que o casamento não é uma condição inerente ao ser humano, é uma opção, uma escolha. Tenha a consciência de que as pessoas, inclusive você, não são casadas, mas estão casadas.

Carreira e vida profissional

Cada vez mais rapidamente, as habilidades e as capacidades exigidas de um profissional de qualquer área passam por transformações. Esse fenômeno deve ser levado em consideração por quem está entrando no mercado de trabalho e também por quem já tem uma carreira consolidada e ainda busca crescimento.

Uma das principais mudanças que percebo é que a carreira construída de forma linear vem se tornando cada vez mais obsoleta. Uma forte tendência apresentada por estudiosos é a de que os jovens e adolescentes que se preparam para entrar no mercado de trabalho atuem em diferentes áreas durante a vida profissional, às vezes até ao mesmo tempo. Por exemplo, será cada vez mais comum alguém dividir seu tempo entre ser funcionário de uma empresa e atuar como empreendedor.

A provocação que faço é a seguinte: na fase de transição em que nos encontramos, as escolas e universidades ainda não estão preparadas para desenvolver os alunos para as novas habilidades que serão exigidas deles. Atualmente, com a velocidade das mudanças tecnológicas, é mais difícil que aprendamos algo em uma sala de aula tendo a certeza de que aquilo nos será útil no futuro. A chance de ser um aprendizado ultrapassado é muito grande. Por isso, todos os profissionais, mulheres e homens, têm como desafio adotar em sua rotina o aprendizado constante. Precisamos aprender a aprender.

O conceito de "ser inteligente" está mudando. Não basta mais ter um vasto conhecimento teórico e técnico para se destacar, mas é preciso saber como aplicá-lo de forma criativa em diferentes áreas – e aqui a diversidade de pensamento tem muito a colaborar com as empresas. Por isso, há tantas iniciativas de responsabilidade social com foco no empoderamento feminino tomadas pelas companhias e pelo governo.

Uma pesquisa realizada na Austrália concluiu que 60% dos jovens estão estudando em áreas que vão deixar de existir por causa da tecnologia. Ou seja, mais do que nunca precisamos estar preparadas e com a mente aberta para aprender sobre novas áreas de trabalho e desenvolver constantemente nossas habilidades.

Inteligência emocional

A inteligência emocional é um conceito que faz parte da psicologia. Trata-se de uma habilidade que as pessoas têm de conseguir compreender seus próprios sentimentos e o sentimento dos outros, sabendo lidar com os reflexos disso na vida pessoal, profissional, afetiva e familiar, e utilizando essa sabedoria a seu favor para o desenvolvimento pessoal.

Hoje, a inteligência emocional é parte indispensável na avaliação de nossos talentos e na realização de nossos sonhos, assim como as habilidades lógicas, matemáticas e racionais. É ela que nos ajuda a persistir mesmo quando tudo parece não ter mais solução, que controla nossos impulsos e canaliza a energia das emoções para os momentos em que é necessária.

O autor Daniel Goleman, PhD em psicologia e um dos grandes responsáveis em trazer à tona a discussão acerca da importância da inteligência emocional, diz que ela pode ser manifestada como uma habilidade em cinco áreas de nossa vida:

1. Autoconhecimento emocional: a capacidade que o ser humano tem de reconhecer uma emoção ou um sentimento no momento em que ocorre.
2. Controle emocional: conseguir canalizar seus próprios sentimentos e utilizá-los de forma estratégica nos momentos em que serão mais úteis.
3. Automotivação: controlar suas próprias emoções com foco no objetivo final para se manter estimulado a enfrentar os desafios para sua realização.
4. Reconhecimento de emoções nas outras pessoas: compreender atitudes por meio da consciência dos sentimentos alheios; e
5. Relacionamento interpessoal: compreender o que motiva as outras pessoas e como agir em colaboração com elas.

Trata-se de um conceito que, à primeira vista, pode parecer difícil de compreender e de colocar em prática. Além disso, a literatura sobre o tema, muitas vezes com uma linguagem extremamente erudita ou acadêmica, acaba não ajudando muito. Por isso, descreverei algumas situações que nos permitem praticar e desenvolver a inteligência emocional e também compreendê-la.

Nos momentos em que somos provocados e manifestamos a raiva – por exemplo, se alguém comete alguma loucura no trânsito e nos coloca em risco –, devemos buscar um ponto de distração, tomar consciência de que não podemos nos deixar levar pela emoção e fixar nosso pensamento em outra situação. Ao mesmo tempo, é necessário canalizar toda aquela energia – que seria liberada na forma de um grito de um belo palavrão – em algo que nos seja mais útil, como fazer aquele telefonema cansativo que você estava adiando havia dias.

Para interromper um pensamento depressivo, o "botão de socorro" está em realizar uma atividade prazerosa. Por exemplo, se levou uma bronca de seu chefe e aquilo a deixou para baixo, sem vontade de realizar alguma tarefa, dê uma saída e vá tomar um café ou um sorvete, navegue pelas mídias sociais. Ações prazerosas espantam a tristeza.

Não se preocupe quando algo não der certo. O caminho de todos é feito de desafios e alguns fracassos. Apesar disso, tudo tem seu lado positivo. Então, seja sempre otimista. Tente entender qual é o lado bom das adversidades pelas quais passou. Você pode ter aprendido algo, se tornado mais forte e descoberto que as pessoas gostam e se preocupam com você mais do que imaginava.

Tente entender as outras pessoas. Tenha a consciência de que elas também sofrem e passam por problemas, assim como você. Isso vai ajudá-la a ser uma pessoa mais tolerante e, ao mesmo tempo, as atitudes dos outros vão afetar suas emoções com menos intensidade.

Nunca é tarde para começar

Não importa se você é jovem e ainda não colocou em prática seus planos para concretizar seus sonhos. Ou se não é mais tão nova, já trilhou seu caminho e planeja uma transformação em sua vida que mudará totalmente o rumo. O que quero dizer é que não importa sua idade: se é uma jovem se preparando para o vestibular ou está se aposentando e não quer ficar parada. Nunca é tarde para despertar seu poder interior e conquistar o seu espaço. Tudo o que leu até agora neste livro é válido para você e para todas as mulheres de qualquer faixa etária.

Vera Wang, por exemplo, decidiu se tornar estilista de noivas aos 39 anos. Aos 40, já era um dos nomes mais lembrados e admirados nesse ramo, vestindo celebridades com seus modelos, que se transformaram no sonho de noivas ao redor do mundo. Ray Kroc, cuja história foi contada recentemente no filme *Fome de poder* (no original, *The founder*), fundou o McDonald's aos 52 anos.

Nossa luta é contra o preconceito, inclusive aquele com as pessoas mais velhas. Não importa qual é o seu objetivo – pode ser aprender um novo idioma, começar a frequentar a academia ou até adotar um filho – nem a decisão de como ele será alcançado. O mais importante é saber o porquê dessa decisão, qual o seu propósito; isso é que vai fortalecê-la e lhe dar o estímulo para continuar.

INICIATIVAS DE RESPONSABILIDADE SOCIAL E AS MULHERES NO BRASIL

Movimento Mulher 360

É um fundo que apoia projetos cujo objetivo é transformar vidas. O foco é total no apoio às mulheres e à igualdade entre os gêneros. Esse movimento empresarial sem fins lucrativos tem as seguintes instituições como sócio-fundadoras: Bombril, Cargill, Coca-Cola, DelRio, Diageo, Johnson&Johnson, Natura, Nestlé, Pepsico, Santander, Unilever e Walmart. Foi criado em 2015, tendo como missão primordial contribuir para o empoderamento econômico da mulher brasileira em uma visão 360 graus, por meio do fomento, da sistematização e da difusão de avanços nas políticas e nas práticas empresariais e do engajamento da comunidade empresarial e da comunidade em geral. Atualmente, o projeto já conta com mais de 30 empresas associadas.

Incluir aqui o Movimento Mulher 360 mostrou-se imprescindível, pois ele foi concebido com base na conclusão que também foi o real estímulo para a concepção deste livro. Estamos em uma sociedade na qual é cada vez mais perceptível e presente a consolidação e o reconhecimento do papel da mulher nos diversos meios, como a família, o mercado de trabalho e a sociedade. No entanto, os desafios relacionados à questão de igualdade entre os gêneros ainda são imensos. Aí está inclusa a conquista por direitos básicos, como a igualdade entre os salários do homem e da mulher e também o fim do assédio e da violência contra as mulheres.

Com essa iniciativa, as empresas buscam empoderar as mulheres no mercado corporativo, nas comunidades e nas cadeias de suprimento, a fim de que os benefícios desse empoderamento reflitam, em longo prazo, em toda a sociedade. Para orientar o trabalho dentro das organizações, o Movimento se vale dos 7 Princípios de Empoderamento das Mulheres (estabelecidos pela ONU Mulheres e pelo Pacto Global). São eles:

1. **Liderança**: estabelecer uma liderança corporativa de alto nível para a igualdade entre gêneros.
2. **Igualdade de oportunidade, inclusão e não discriminação**: tratar todos os homens e mulheres de forma justa no trabalho – respeitar e apoiar os direitos humanos e a não discriminação.
3. **Saúde, segurança e fim da violência**: assegurar a saúde, a segurança e o bem-estar de todos os trabalhadores e trabalhadoras.

4. **Educação e formação**: promover a educação, a formação e o desenvolvimento profissional para as mulheres.
5. **Desenvolvimento empresarial e práticas da cadeia de fornecedores**: implementar o desenvolvimento empresarial e as práticas da cadeia de abastecimento e de marketing que empoderem as mulheres.
6. **Liderança comunitária e engajamento**: Promover a igualdade por meio de iniciativas comunitárias e de defesa; e
7. **Acompanhamento, medição e resultado**: medir e publicar relatórios dos progressos para alcançar a igualdade entre gêneros.

Essas práticas não trazem benefícios apenas às mulheres e à sociedade, mas também às empresas. De acordo com o Movimento Mulher 360, mulheres empoderadas economicamente contribuem para o fortalecimento do setor produtivo, o desenvolvimento de comércios mais justos e novos mercados, o aumento na produtividade dos empregos, o crescimento na habilidade de atrair talentos, a melhoria no relacionamento com o governo e órgãos reguladores, além de progresso nos resultados e no desempenho financeiro.

Conforme explica Margareth Goldenberg, gestora executiva do Movimento Mulher 360: "Além de ter um papel na participação do debate público sobre questões da diversidade, e em especial a de gênero, as empresas possuem o importante potencial de promover mudanças efetivas no ambiente de trabalho e na vida de milhares de mulheres. O Movimento Mulher 360 consegue articular grandes empresas em torno de uma causa comum, construindo, juntas, novos conhecimentos e compartilhando suas práticas entre si. Dessa forma, contribuímos para a criação de ambientes de trabalho mais equitativos, múltiplos e diversos".

Para conhecer mais sobre o Movimento Mulher 360 e as práticas já realizadas dentro das empresa, acesse: www.movimentomulher360.com.br.

Fomento Mulher do Incra

Além dos projetos de responsabilidade social voltados para a mulher da iniciativa privada, é importante lembrar que também existem ações do governo que, da mesma forma, têm o objetivo de proporcionar o empoderamento feminino e a equidade de gêneros em todos os ambientes, inclusive o rural, como é o caso do Fomento Mulher, uma iniciativa do Instituto Nacional de Colonização e Reforma Agrária (Incra), que tem como principal objetivo a construção da autonomia das mulheres rurais.

O Fomento Mulher é uma linha de crédito criada em reconhecimento à importância do papel das trabalhadoras para a reforma agrária, podendo elas utilizarem o benefício para a implantação de quintais produtivos e, assim, garantir alimentação saudável, mais qualidade de vida para a família e gerar renda. A ação faz parte do Programa Nacional de Reforma Agrária, instituída pela

Lei 13.001/2014, com nova regulamentação dada pelo Decreto 9.066/2017.

Mulheres assentadas pela reforma agrária podem receber até 3 mil reais, com o prazo de até um ano para pagar o empréstimo em parcela única e juros de 0,5% ao ano. Além disso, quem realizar esse pagamento até a data do vencimento, exatos doze meses após receber o recurso, ganha um desconto de 80% no valor devido, ou seja, a dívida passa a ser de apenas 600 reais. Um profissional técnico do Incra é quem elabora o projeto para a área em que a beneficiária deseja investir o recurso e transformar em quintal produtivo.

Moradores da área rural aproveitam seus quintais para o cultivo de hortaliças, plantas medicinais, ornamentais, árvores frutíferas e criação de pequenos animais, como galinhas e porcos. É a diversidade nesse cultivo que vai proporcionar à família uma alimentação saudável e também uma fonte de renda ou troca da produção excedente. O fomento pode ser utilizado para insumos, como sementes, mudas de plantas e pequenos animais, e para infraestrutura, como materiais de construção e kit de irrigação.

É importante destacar que, além do Fomento Mulher, dedicado apenas às beneficiárias do gênero feminino, as mulheres também têm acesso e são estimuladas a buscar as outras modalidades de crédito familiar disponibilizadas pelo Incra. Somando-se todas elas, o benefício pode chegar a 14,6 mil por família assentada.

Como explica o engenheiro agrônomo Leonardo Góes, presidente do Incra: "O que o Incra busca com a reforma agrária atualmente desenvolvida no país é a implantação de um modelo de assentamento rural baseado na viabilidade econômica, na sustentabilidade ambiental e no desenvolvimento territorial. Para isso, adotamos instrumentos fundiários adequados a cada público e a cada região, e estamos realizando uma adequação institucional e normativa para a intervenção rápida e eficiente dos instrumentos agrários".

Mulheres em cargos de liderança na Becton Dickinson (BD)

Ao chegar à história dessa ação da BD, líder global em tecnologia médica, logo após conhecer o projeto do Incra, comprova-se como o empoderamento das mulheres é importante em todas as esferas da sociedade e segmentos do mercado. Na multinacional norte-americana, o principal objetivo é capacitar e estimular as colaboradoras do sexo feminino a manifestarem interesse e, efetivamente, ocuparem cargos de liderança, até então formados majoritariamente por homens.

Em 2012, apenas 22% das cadeiras do alto escalão pertencia à mulheres. Foi quando chegaram à conclusão de que, para trazer diversidade de pensamento à gestão e agregar valor ao negócio, essa realidade precisava mudar. A partir de então, foi criado um grupo multidisciplinar com o objetivo de discutir estratégias para se alcançar a inclusão e a equidade de gêneros, e foram estabelecidas políticas, práticas e ações específicas para as colaboradoras.

Entre as ações adotadas, está um programa de formação e desenvolvimento na Universidade Corporativa da BD, com cursos para ambos os sexos, porém com garantias de haver participação feminina em ferramentas de desenvolvimento. Os cursos são específicos para a liderança, nos quais já há a representatividade de mais de 40% de mulheres.

Outra iniciativa foi transformar em regra a obrigatoriedade de ter pelo menos uma mulher entre os três candidatos finalistas a um cargo de liderança. Além disso, para atrair profissionais do sexo feminino do mercado, a empresa revisou o programa de benefícios para elas, agregando o acompanhamento pré-natal, a licença-maternidade de seis meses (o período de licença-paternidade da empresa também está acima da legislação, com vinte dias de afastamento), além de horários flexíveis. A empresa tem uma grande preocupação no equilíbrio entre a vida pessoal e profissional.

Atualmente, a subsidiária brasileira, que já acumula 61 anos de existência no país, passou a contar com 8 mulheres em seu corpo diretivo, que é composto por 15 executivos; ou seja, 57% das posições são ocupadas por mulheres. Essa inversão da proporção entre os gêneros atraiu a atenção da matriz, que fica nos Estados Unidos. E o modelo de práticas da BD do Brasil transformou-se em referência mundial, trazendo resultado positivo em países da América Latina. Na BD Colômbia, por exemplo, foi contratada uma mulher para a presidência.

Na planta da BD Curitiba, a porcentagem de mulheres no quadro de funcionários é alta, levando-se em conta que é uma unidade fabril, historicamente repleta de homens: as mulheres representam 44% dos trabalhadores no chão de fábrica. Já no escritório de São Paulo, a matriz da empresa no Brasil, o número de mulheres já supera o de 53%.

A partir de agora, em todos os países em que está presente, o grupo determinou que no mínimo 30% dos líderes sejam do sexo feminino, e a meta global é de 35%. No Brasil, entre todos os cargos de gestão, 63% já são preenchidos por mulheres. Nos últimos quatro anos, a empresa vem entregando resultados acima das metas estabelecidas e demonstrando crescimento consistente. A BD acredita que parte desse bom desempenho é consequência de uma liderança diversa.

"Buscar oportunidades e representatividade para mulheres, inclusive em cargos de liderança, não apenas é uma questão de igualdade de gênero como reflete na maneira como acreditamos ser a forma correta para fazermos negócios. Por isso, nosso desafio tem sido o de incentivar essas mulheres, com políticas e, às vezes, com benefícios específicos, e de incluí-las, para termos cada vez mais um ambiente diverso", explica Stella Fornazari, diretora de recursos humanos na BD Brasil.

ONU Mulheres

A ONU Mulheres, a entidade das Nações Unidas para a Igualdade de Gênero e o Empoderamento das Mulheres, foi criada em 2010 para fortalecer e ampliar os esforços mundiais em defesa dos direitos humanos das mulheres. Segue o legado de duas décadas do Fundo de Desenvolvimento das Nações Unidas para a Mulher (Unifem) em defesa de seus direitos humanos, especialmente pelo apoio a articulações e movimentos, como os das mulheres negras, indígenas, jovens, empregadas domésticas e trabalhadoras rurais.

Para fornecer um conjunto de considerações que ajudam o setor privado a se concentrar nos elementos-chave para promoção da igualdade entre homens e mulheres no local de trabalho, no mercado e na comunidade, a ONU Mulheres elaborou 7 Princípios para o Empoderamento das Mulheres, citados anteriormente na seção Movimento Mulher 360.

De acordo com a entidade, esses pilares ajudam as empresas a adotar as políticas e práticas existentes para concretizar suas ações internas. Também consideram os interesses dos governos e da sociedade civil e apoiam as interações com as partes interessadas, uma vez que alcançar a igualdade de gênero requer a participação de todos.

A sede da ONU Mulheres fica em Nova York, nos Estados Unidos, e tem como Embaixadora da Boa Vontade a atriz Emma Watson. Contudo, mantém escritórios regionais atuando em países da África, das Américas, da Ásia e da Europa.

No Brasil, cujo escritório fica localizado em Brasília, a entidade concebeu o Comitê Nacional Impulsor Eles-PorElas, parte do movimento HeForShe, criado para reunir todos os sexos, gêneros, raças, etnias e classes sociais num esforço global para a remoção das barreiras sociais e culturais que limitam as mulheres e as impedem de usufruir de seus direitos humanos. O comitê une governos, empresas, universidades, sociedade civil, mídia e homens, para promover ações que estimulem um maior engajamento do povo brasileiro.

As principais áreas de atuação em território brasileiro concentram-se em:

- Acesso à justiça – Busca fortalecer a capacidade do país de garantir os direitos das mulheres e meninas a uma vida sem violência e empoderá-las para que possam exigir esses direitos.

- Educação – Promove a educação para a igualdade de gênero e os direitos humanos ao assegurar as condições adequadas para a garantia de ambientes de aprendizagem seguros e não violentos, inclusivos e eficazes.
- Esportes – Considera o esporte como uma ferramenta poderosa para o empoderamento de meninas e de mulheres jovens e para o engajamento de homens pelo fim da violência contra as mulheres.
- Arte e cultura – Manifestações artísticas e culturais fazem parte das iniciativas de prevenção à violência contra as mulheres, além de mobilizar novos públicos e desenvolver práticas criativas e articulação comunitária.
- Campanhas – Mobilizações on-line e off-line para sensibilizar, informar e engajar a sociedade fazem parte do ciclo de ações de prevenção à violência contra as mulheres.
- Empoderamento econômico – Realiza reformas para dar às mulheres direitos iguais aos recursos econômicos, reconhece e valoriza o trabalho doméstico não remunerado, define políticas de proteção social e promove a responsabilidade compartilhada.
- Liderança e participação política – Garante a participação plena e efetiva das mulheres e a igualdade de oportunidades para a liderança em

todos os níveis de tomada de decisão na vida política, econômica e pública.

Ao pedir apoio de todos os países do Mercosul para a defesa dos direitos humanos das mulheres no final de 2017, disse Nadine Gasman, representante da ONU Mulheres Brasil: "Novos dados, releituras estatísticas, pesquisas refinadas e específicas têm produzido evidências acerca da dimensão dos desafios para os direitos humanos das mulheres na América Latina e Caribe. A região registra as mais altas taxas de violência contra as mulheres fora do casamento e a segunda mais alta dentro do casamento, segundo dados do Observatório sobre Igualdade de Gênero na América Latina e no Caribe".

Para conhecer mais sobre a atuação no Brasil e no mundo da ONU Mulheres, acesse: www.onumulheres.org.br.

Condições Socioeconômicas e Violência Doméstica e Familiar contra a Mulher – UFC

Em 2017, a Universidade Federal do Ceará (UFC) divulgou em uma coletiva de imprensa seu segundo relatório sobre os resultados de sua Pesquisa de Condições Socioeconômicas e Violência Doméstica e Familiar contra a Mulher, realizada em parceria com o Instituto Maria da Penha. O estudo vem sendo realizado desde 2015 e já ouviu 10 mil mulheres nos 9 estados do Nordeste.

De acordo com os resultados quantitativos obtidos, encontram-se números alarmantes. Aproximadamente, 3 em cada 10 mulheres (27,04%) nordestinas sofreram pelo menos um episódio de violência doméstica ao longo da vida. Um número que coloca o Brasil no topo de rankings mundiais de violência contra as mulheres e comprova que ações de melhorias sociais, econômicas e de direitos humanos ainda têm muito trabalho pela frente. Destas, aproximadamente 1 em

10 (11,92%) afirmou que a agressão ocorreu nos últimos doze meses. Salvador (BA), Natal (RN) e Fortaleza (CE) foram identificadas como as três cidades mais violentas para as mulheres da região Nordeste.

A sensação de insegurança permanente das mulheres nordestinas, por medo de agressão física ou sexual, impacta negativamente na qualidade de vida e bem-estar dessas mulheres.

A quase totalidade dos atos de violência doméstica sofridos pelas mulheres adultas foi consumada por companheiros ou ex-companheiros. Porém, essa é uma situação à qual a mulher é exposta desde a infância. Aproximadamente, 1 em cada 5 meninas já foi agredida pelos pais quando eram crianças.

Dentre as mulheres que já engravidaram, 6,2% reportaram haver sofrido ao menos uma agressão física durante a gestação. E, nesse grupo, 1 em cada 3 (34%) afirmou que a violência aconteceu durante todos os três primeiros meses de gravidez. Os números são alarmantes e só reforçam a importância da existência de projetos como os relatados neste livro.

O relatório constatou que a violência doméstica, além de ser um problema grave de negação de direitos humanos fundamentais e de saúde pública, produz impactos negativos na capacidade de as vítimas atuarem, de maneira produtiva e plena, no mercado de trabalho, trazendo problemas a elas em sua autonomia, capacidade decisória, nos níveis de estresse, entre outros. Além disso, a violência produz mais instabilidade na dinâmica do mercado de trabalho, pois essas vítimas intercalam períodos em que estão empregadas, cuja duração é curta, com períodos curtos e longos de desemprego.

Por fim, a violência doméstica impacta consideravelmente na produtividade e no salário, bem como diminui o empoderamento feminino. Todos esses efeitos custam muito caro não somente para as mulheres vítimas, mas para os empregadores e consequentemente para a economia do país, com reflexos tanto no setor público quanto no privado, contribuindo para o aprofundamento das diferenças de gênero e perpetuação da pobreza e desigualdade no Brasil.

Para conhecer o conteúdo completo desta pesquisa, acesse: www.institutomariadapenha.org.br/2016/documentos/relatorio.pdf.

O poder da igualdade – McKinsey Global Institute

A McKinsey&Company, por meio da McKinsey Global Institute, realizou uma pesquisa, em 2015, na qual afirma que o avanço da igualdade das mulheres pode acrescentar 12 trilhões de dólares ao crescimento global, até 2025, e 28 trilhões de dólares no cenário potencial máximo. Os valores representam o dobro do crescimento projetado do PIB gerado pelas mulheres em comparação com o cenário atual mantido igual, o que representa 1% a mais no PIB mundial por ano, que é o equivalente à soma do Japão, do Reino Unido e da Alemanha.

Para o Brasil, o impacto da igualdade de gêneros causaria um aumento de 14% a 30% do PIB, até 2025. O que significa, em um cenário potencial máximo, uma injeção de 850 bilhões de dólares na economia. Esse montante é igual ao total de todos os estados das regiões Nordeste e Sul somados.

As mulheres representam, no Brasil, 44% da força de trabalho. Porém, apenas 35% do PIB brasileiro é composto por esse grupo. Por isso, o estudo da McKinsey Global Institute alerta que aumentar a participação das mulheres na força de trabalho é a principal alavanca de incremento do PIB, não só no Brasil, mas em toda a América Latina. Além disso, sugere seis ações para a redução da desigualdade:

1. Incentivo e apoio financeiro – Por meio de transferência de renda, vales e políticas tributárias.

2. Tecnologia e infraestrutura – Por meio de abrigos, creches e asilos para idosos com preços acessíveis, transporte seguro e conteúdo digital.

3. Geração de oportunidades econômicas – Políticas de diversidade no local de trabalho, capacitação e criação de empregos, iniciativas referentes à cadeia de suprimentos.

4. Capacitação – Educação financeira, educação sobre saúde reprodutiva, treinamentos para instituições e para membros da sociedade.

5. Defesa e atitudes exemplares – Diálogos comunitários, campanhas nas mídias sociais, educação sobre "viés inconsciente"; e

6. Leis, políticas e regulamentos – Leis mais vigorosas sobre a questão de gênero, aplicação real das leis e cotas de representação política.

Para mais informações sobre a pesquisa da McKinsey Global Institute, acesse: www.mckinsey.com/mgi.

Mulheres Positivas – *Estadão*

O projeto Mulheres Positivas percorreu um longo caminho até se tornar um produto vencedor no portal do maior jornal do país, o *Estado de S. Paulo*. A primeira semente foi plantada quando, Fabiana Saad, colunista e idealizadora do projeto, teve acesso a uma pesquisa realizada pela jornalista Sandra Boccia. Para esse estudo, a pesquisadora visitou presídios femininos com o intuito de investigar o motivo pelo qual as presas acreditavam que estavam na prisão. A conclusão foi extremamente reveladora. Muitas delas alegaram que não existiam modelos femininos em quem pudessem se inspirar e se espelhar.

Fabiana já era coautora do livro *Dicas de mulheres inspiradoras*, mas aquela informação que Sandra trouxe à luz chamou muito sua atenção. Foi quando ela deu seu primeiro passo no projeto e, junto com a empreendedora social Fernanda Médici, publicou o livro *Mulheres positivas*, com o objetivo de encontrar as mulheres de negócios do Brasil que poderiam inspirar outras e contar a história delas.

O livro *Mulheres positivas* narra a trajetória de 21 personalidades femininas, como Alexandra Loras, ex--consulesa da França; Leona Forman, fundadora da Brazil Foundation; Carol Celico, fundadora da Amor Horizontal; Tia Dag, fundadora da Casa do Zezinho; e as 3 fundadoras do Carlotas, Fabiana Gutierrez, Carla Scheidegger e Carla Douglas.

Enquanto o livro se tornava um sucesso e Fabiana atuava como colunista da Forbes Brasil, escrevendo perfis de mulheres com belas histórias de empreendedorismo ou do mundo dos negócios, o *Estadão* começava a constatar uma necessidade de dar voz a essa mulher, de ter um espaço de interação entre elas e empoderá-las no debate sobre temas como carreira, negócios, empreendedorismo, economia, política etc.

A partir dessa demanda, Fabiana foi convidada pelo jornal para, ao lado da jornalista Sofia Patsch, que já era repórter do grupo, desenvolver o canal que alcançaria essas mulheres e daria a elas espaço para compartilhar experiências. Nascia o canal de vídeos "Mulheres Positivas", com conteúdo editorial 100% feminino e acesso gratuito em todas as plataformas digitais do *Estadão*.

Desde sua estreia, o canal bateu recordes de audiência e conquistou a aprovação do público. Já participaram do programa nomes como Cristiana Arcangeli, Ana Hickmann, Constanza Pascolato, Esther Schattan, Rachel Maia, entre outras líderes e personalidades de destaque no país.

O canal *Mulheres Positivas* publica um programa inédito todas as quintas-feiras. Para acompanhar o conteúdo, acesse: http://emais.estadao.com.br/blogs/mulheres-positivas, ou as páginas oficias do *Estadão* nas mídias sociais.

Grupo Mulheres do Brasil

O Grupo Mulheres do Brasil foi criado em outubro de 2013 por 40 mulheres executivas de diferentes segmentos com o intuito de engajar a sociedade civil na conquista de melhorias para o país. É presidido pela empresária Luiza Helena Trajano e tem como vice-presidente a empresária Sonia Hess.

Hoje, o grupo é uma rede política e apartidária, atuando em parceria com ONGs e realizando a interlocução com os poderes Executivo, Legislativo e Judiciário. É composto por mais de 13 mil mulheres de diversas atuações, com ações nas áreas de educação, saúde, empreendedorismo feminino, combate à violência contra a mulher, igualdade racial, políticas públicas, entre outras. O grupo, bastante heterogêneo – envolvendo variadas classes sociais e profissões – subdivide-se em comitês regionais, os quais cuidam cada um de um assunto. Os objetivos são o mesmo: estimular o protagonismo feminino, fazer parcerias com empresas e elaborar planos de ação.

Para que a atuação do grupo se dê da forma mais transparente possível, foram estabelecidos alguns termos chamados de "inegociáveis":

- Somos apartidárias.
- Visamos o bem comum.
- Não somos contra os homens, mas a favor das mulheres.
- Não usamos o nome nem registros do grupo para benefícios pessoais ou partidários.
- Pensamos o Brasil como um todo, com ações locais e regionais.
- Atuamos em rede e nos engajamos em projetos já existentes.

O Grupo Mulheres do Brasil em números:

- 13 mil participantes.
- 17 comitês temáticos.
- 25 núcleos regionais no Brasil e no exterior (Portugal).
- 12 mil jovens universitárias impactadas pelo projeto Vozes.

Para obter mais informações sobre o Grupo Mulheres do Brasil, acesse: www.grupomulheresdobrasil.com.br.

A realidade das mulheres no Brasil

Qualquer argumento de que a igualdade de gêneros no Brasil já é uma realidade pode ser facilmente desmentido ao serem observados os números do Instituto Brasileiro de Geografia e Estatística (IBGE). É de extrema importância analisar esses dados, principalmente aquelas pessoas que vivem nos grandes centros urbanos e têm uma compreensão limitada de como vive a população brasileira que se espalha por 8,5 milhões de quilômetros quadrados. São dados que enriquecem o debate e comprovam a necessidade de manter o tema em discussão e observação permanentes. As estatísticas que serviram de base para esta seção fazem parte do estudo "Estatísticas de gênero: indicadores sociais das mulheres no Brasil", publicado pelo IBGE em março de 2018.

Logo de início, chama muito a atenção a diferença de renda média entre homens e mulheres, cujo cálculo leva em consideração todas as atividades e os salários do país. Os homens ganham em média R$ 2.306,00, enquanto o rendimento médio das mulheres é de R$ 1.764,00. A diferença é de quase 31%.

Além disso, a dedicação delas ao trabalho doméstico é muito maior que a dos homens – dado que não é novidade para ninguém e talvez nem fossem necessárias estatísticas para afirmar isso. De acordo com o estudo, enquanto os homens passam 10,5 horas de sua semana em atividades de casa, as mulheres passam, no mesmo período, 18,1 horas nos afazeres do lar.

No campo da educação, as mulheres levam vantagem, já que 23,5% das mulheres brancas e 10,4% das negras ou pardas, acima dos 25 anos, têm o ensino superior completo, enquanto entre os homens da mesma faixa etária apenas 20,7% dos brancos e 7% dos negros têm o mesmo grau de instrução. As mulheres também ganham na frequência escolar no ensino médio – na série adequada à faixa etária –, o que significa que entre elas há menos casos de reprovação, seja por notas, seja por evasão escolar; além disso, 73,5% das meninas estão na faixa etária correta, enquanto entre os homens esse percentual é de apenas 63,2%.

Com essas estatísticas escolares já é possível propor um questionamento. Se os números mostram que as mulheres são mais bem preparadas na educação, por que essa proporção não se mantém nos dados sobre empregos e salários? Essa é uma pergunta importante, já que esse mesmo estudo aponta que 62,2% dos cargos gerenciais do país são ocupados por homens enquanto elas ficam com apenas 37,8%.

Não é preciso grande habilidade com os números para concluir que o que é esperado, valorizado e exigido das mulheres é bem diferente do que é esperado, valorizado e exigido dos homens. E esse é o ponto crucial da busca pela igualdade de gêneros, conferindo imensa importância e urgência ao empoderamento feminino.

Para a mudança desse cenário, um dos grandes obstáculos enfrentados pelas mulheres é a falta de representatividade. Um exemplo simples é a Câmara dos Deputados, em Brasília, onde apenas 10,5% das cadeiras são ocupadas por deputadas. No mundo, existem 21 países cuja representação feminina parlamentar é maior do que a brasileira. Nesse grupo, não se encontram apenas as grandes nações desenvolvidas, como Estados Unidos, Canadá, Austrália, Noruega, Suécia, mas também estão à nossa frente países como Ruanda, Bolívia, Cuba, Nicarágua, Senegal, Timor Leste e até o Afeganistão.

A situação brasileira, assim como no mundo, é reflexo cultural da sociedade. Atitudes e pensamentos preconceituosos e machistas estão tão arraigados na vida das pessoas, até mesmo entre as próprias mulheres, que torna válida e importante qualquer ação que tenha como objetivo a busca pela igualdade em todas as áreas em que a mulher esteja inserida, seja nos grandes centros urbanos, seja no mais distante trabalho rural.

Para conhecer o estudo do IBGE na íntegra, consulte https://biblioteca.ibge.gov.br.

MULHERES COM HISTÓRIAS INSPIRADORAS

Você não está sozinha

Conscientizar-se de que não estava sozinha, de que muitas mulheres refletiam sobre as mesmas coisas e tinham os mesmos anseios em relação à vida pessoal, profissional e sentimental. Foi assim que uma jovem tímida e introspectiva de Brasília chegou à frente de um dos programas de maior audiência e repercussão da televisão brasileira e ao comando de uma das maiores e mais influentes revistas femininas do país.

Uma mulher de 51 anos, linda, bem-sucedida e que muitas brasileiras têm como exemplo. Ao observar sua história recente, é quase impossível imaginar que ela fez parte de uma geração em que os garotos eram criados para conquistar o mundo, certos de que as oportunidades pertenciam a eles. Enquanto isso, às garotas eram impostos os limites da cozinha; o acesso à sala de estar só era permitido a elas para que verificassem se alguém queria um café.

Não é raro mulheres ouvirem histórias como essa e se identificarem – ainda que esse relato seja parte de uma longa e linda trajetória de luta e superação. Infelizmente, já não é tão comum encontrar mulheres que tiveram a mesma coragem de enfrentar as pressões da sociedade e da família, para sair em busca de seu espaço levando em consideração apenas os seus próprios sonhos e as próprias escolhas.

Esse é um dos grandes problemas dessa geração que cresceu estimulada a esconder sua intimidade, até mesmo de outras mulheres. Apesar de terem a fama de serem muito comunicativas entre elas, os temas superficiais das conversas acabam encobrindo medos e angústias. A consequência disso é a solidão, a insegurança e a certeza de que você é a única no mundo a passar por problemas, mas, na verdade, eles fazem parte da rotina de todas, seja daquela amiga mais próxima, da vizinha que só conhece pelo "bom dia" no elevador, da mãe do coleguinha de seus filhos que você só encontra na porta do colégio ou da jornalista que exibe o rosto na televisão em horário nobre e que você acredita ser a pessoa mais segura e bem resolvida do mundo.

Seria possível imaginar que uma profissional que está em um dos postos mais cobiçados de sua categoria, a bancada de um telejornal na emissora líder isolada de audiência, possa não estar feliz, realizada e confortável com sua carreira? É ainda possível imaginar que um rosto que propaga empoderamento feminino, admiração e influência em milhões de mulheres seja solitária ao ponto de ter dificuldade em encontrar madrinhas para o seu casamento?

Observar a facilidade que o noivo teve em convidar os seus amigos de infância e de escola para padrinhos, e os primos e até amizades construídas no ambiente de trabalho para a cerimônia de casamento, fez com que a jornalista recém-chegada a São Paulo finalmente entendesse o quanto se dedicou, ou, como ela mesma diz, se "casou", ao seu trabalho. Ela vivia solitária e construindo apenas frágeis relações de coleguismo. Esta percepção acabou se transformando em um marco em sua vida profissional e, principalmente, na pessoal.

Foi assim, trazendo para o debate suas próprias dúvidas e inquietações mais íntimas que ampliou sua consciência para um fato que mudaria sua história: aqueles problemas não a assolavam exclusivamente, eles pertenciam às mulheres de toda uma geração, as quais conquistaram seu espaço no mercado de trabalho de forma ruidosa. E a maneira que encontraram para se manterem ali foi fazer concessões na própria vida, abrindo mão de sua individualidade e de elementos pertinentes à feminilidade. "Eu não estou sozinha!"

A jovem brasiliense, que desembarcara solitária em São Paulo e dava os primeiros passos de uma carreira brilhante, logo percebeu que o telejornalismo, pelo menos naquele momento, apesar de ter as portas abertas às profissionais do sexo feminino, era claramente um ambiente masculino, inclusive em sua estética. As mulheres aprendiam a se expressar de forma mais dura e fria, eram orientadas a manter unhas e cabelos mais curtos e deviam se vestir com o figurino composto de terninhos com ombreiras.

No início, aceitar esses padrões impostos e se adaptar a eles lhe pareceu um desafio simples; afinal, era um preço que valia a pena ser pago tendo como contrapartida uma carreira sólida e reconhecida. Talvez, seja essa a razão pela qual ela afirma sem hesitar que nunca sofreu discriminação por ser mulher. Como ela não tinha nenhum outro interesse a não ser o trabalho, acabou absorvendo aquela cultura masculina. Não ter reconhecido atos de preconceito não significa que eles não tenham existido. Sempre muito séria e focada, pôde, simplesmente, não ter reconhecido ou entendido como tal qualquer situação de discriminação que possa ter vivido.

Sua dedicação era total, com jornadas diárias que facilmente chegavam a catorze, dezesseis horas de trabalho e terminavam no meio da madrugada. Foi então, que com a proximidade de completar 40 anos, seus questionamentos internos e prioridades pareciam ter mudado. "É isso o que eu quero para minha vida?"

Opinião pública e colegas chocados. Após dezoito anos de uma carreira considerada bem-sucedida na emissora de maior audiência da televisão brasileira, a bela jornalista toma uma decisão e troca de casa, totalmente baseada em sua qualidade de vida. Mais chocante ainda foi sua coragem de admitir que a posição que muitos consideram o auge da carreira de um jornalista – âncora de telejornal – não era o trabalho com o qual se sentia realizada. Para ela, o trabalho como repórter era muito mais prazeroso e recompensador. Sua motivação sempre foi estar presente onde os fatos aconteciam, a área que ela considera a mais nobre de seu ofício.

Contudo, decisões como essa, que redirecionaram totalmente o caminho de sua carreira, não foram tomadas de forma fácil e segura. Estava assumindo riscos conscientemente. Uma mulher que faz parte da geração que cresceu aprendendo que as escolhas eram feitas pelos homens, seus provedores e protetores, tomou as rédeas de suas próprias necessidades e vontades ao decidir sozinha o caminho que iria trilhar.

Uma das lições mais importantes em sua história está exatamente em assumir e defender suas próprias escolhas. Decisões importantes e arriscadas como a dela são as mesmas que fazem parte da realidade de milhões de mulheres no mercado de trabalho, e uma dessas decisões que as profissionais compartilham é uma das mais difíceis: a maternidade.

A dedicação ao trabalho adiou qualquer plano da jornalista bem-sucedida de ser mãe. Apenas quando se casou, aos 37 anos, a ideia começou a passar pela sua cabeça. Porém, após duas tentativas frustradas por meio de fertilização *in vitro* (FIV) e um aborto espontâneo aos três meses de uma gravidez natural, ela decidiu que devia assumir com tranquilidade sua escolha de não ter engravidado mais jovem, em vez de transformar o fato em um ponto de infelicidade em seu casamento.

Abrir seus olhos para o universo feminino mudou sua vida de tal forma que a transformação foi perceptível a quem acompanhava seu trabalho no telejornalismo. A partir dos anos 2000, viu-se uma jornalista sempre séria, que transitava da política e economia a coberturas de guerra, entrar em uma fase mais sorridente e dedicada à produção de reportagens sobre o mundo da mulher.

Estudou e absorveu toda a informação possível sobre o feminismo, inclusive a história das grandes mulheres que a inspiraram a ser a profissional que é hoje. Durante o percurso, entendeu que a força e a coragem que aprendeu a ter são um privilégio de poucas; a maioria segue a vida toda encobrindo suas angústias, suas vontades e a própria identidade. Foi nesse período que conheceu uma colega jornalista que pensava da mesma forma e possuía um lindo trabalho: dava aula a pequenos grupos de mulheres ajudando-as a se empoderarem.

As duas, então, uniram-se com a missão de conseguir ajudar um número muito maior de mulheres. Fundaram a "Escola de Você", uma iniciativa que tem como missão o desenvolvimento pessoal de mulheres de todo o país, ensinando-as a gostarem delas mesmas por meio de aulas virtuais na internet (escoladevoce.com.br). Atualmente, a plataforma conta com 300 mil alunas que acompanham o programa e usam a metodologia exclusiva e com eficácia comprovada e certificada pelo Banco Interamericano de Desenvolvimento (BID).

Paralelamente aos seus projetos de apoio ao universo feminino, que também conta com a plataforma "Tempo de Mulher" (tempodemulher.com.br), a profissional – cuja presença neste livro também faz parte dessa missão – continuou sua brilhante carreira na comunicação. Com uma trajetória marcada pelas grandes mudanças e sempre assumindo os riscos de forma forte e corajosa, mais uma vez sua trajetória atraiu os olhares atentos da opinião pública e da imprensa em geral ao anunciar que estava se despedindo temporariamente do telejornalismo para assumir um programa de variedades, um reality show, mudando mais uma vez de emissora.

Os terninhos e as camisas já não tinham mais espaço em seu guarda-roupa; agora ela entrava no ar exibindo belos vestidos, salto alto e acessórios. Recordes de audiência e de faturamento rapidamente transformaram questionamentos e rejeição em admiração pelo seu trabalho.

Enquanto isso, projetos paralelos alcançavam e transformavam a vida de cada vez mais mulheres. O programa, que se renovava para novas temporadas e edições, ganhava mais audiência e visibilidade. Estava feliz em poder ter tempo livre para se dedicar a coisas simples, mas que valoriza muito, como passar os fins de semana na praia e desfrutar de momentos de ócio – cada vez mais raros na vida contemporânea. Além disso, pôde vivenciar uma nova história de amor aos 51 anos. Fez questão de assumir seu namoro comprovando que esse tipo de relacionamento não é exclusivo de uma faixa etária específica.

Será que havia chegado o momento de seguir um caminho mais tranquilo e adotar uma rotina mais calma? Engana-se quem apostou nessa possibilidade. Simultaneamente a tudo isso, assumiu mais um enorme desafio: entrou de cabeça no jornalismo impresso assumindo a direção de uma das maiores e mais importantes revistas femininas do Brasil.

Integrante de uma geração *ageless*, conceito sobre o qual ela disserta nas inúmeras palestras que ministra, a idade não pesa para ela, e sim premia. São mulheres que têm o privilégio de estar em plena atividade e no mesmo ritmo de quando tinham 30 anos, mas com a maturidade e sabedoria de uma cabeça de 50.

Com uma trajetória de vida que não foi linear, em constante transformação, e sedenta por novos desafios e novos riscos, fica difícil para ela saber, ou mesmo imaginar, como será o seu futuro, ainda que próximo. No entanto, uma coisa é certa e ela afirma com um sorriso no rosto sem hesitar: "A única certeza que eu tenho é de que eu não estarei igual ao que sou hoje".

Essa é a história de **Ana Paula Padrão**, *jornalista, apresentadora do programa* MasterChef Brasil, *na Band, e diretora de redação da revista* Cláudia, *na Editora Abril.*

Convivência positiva entre família e carreira

As escolhas feitas durante a vida não se resumem a decidir entre uma coisa ou outra – por exemplo, entre o trabalho ou a maternidade. Imagine uma régua de dez centímetros. Em uma ponta, no zero, está a carreira, e na outra, no dez, a família. Entre essas duas extremidades existem diversas posições, diversas situações, e cada pessoa pode se colocar no ponto que for mais adequado para o que busca em sua trajetória de acordo com seus sonhos, ora aproximando mais de um lado, ora de outro, ou mesmo mantendo-se no centro, no equilíbrio total entre as duas áreas.

Existem grandes exemplos de mulheres que são excelentes mães e, ao mesmo tempo, profissionais de sucesso. A partir de agora, conhecerá a história de alguém que encontrou o equilíbrio ideal do que sonhava em outra posição na régua da vida, percorrendo caminhos diferentes daqueles experimentados pela jornalista do tópico anterior.

Uma advogada que se casou aos 19 anos e teve sua primeira filha aos 21. Tudo isso, enquanto cursava Direito em uma das escolas mais importantes e disputadas do país, a Faculdade de Direito do Largo de São Francisco, da Universidade de São Paulo. Hoje, aos 47 anos, é vice-presidente do maior banco privado do Brasil, instituição da qual é a única mulher dentre os nomes que compõem o comitê executivo.

Sua história começou quando, ainda muito jovem, observou sua mãe entrar em um quadro de depressão no momento em que os filhos cresceram e se tornaram independentes. Uma mulher que, ao se casar, deixara de trabalhar e viveu em função da família. Por conta disso, sentiu-se perdendo sua identidade e seu papel quando suas crianças se tornaram adultos. Essa foi uma fase de muito sofrimento para toda a família e que só foi vencida quando seu esposo começou a envolvê-la nos negócios. A mãe dela superou a tristeza ao encontrar um novo propósito de vida e sentir-se útil naquele novo universo.

A situação da mãe serviu como um alerta e também como uma inspiração. Essa experiência conscientizou-a da importância para a mulher de se ter uma carreira e um propósito em equilíbrio com a família. Mais do que nunca, em seus planos estavam os estudos, ter uma profissão e ainda uma vivência fora do Brasil. "Tudo o que eu queria, eu acabei fazendo."

No entanto, ela nunca encarou esses sonhos como excludentes de seus planos de ter uma família. Tanto que se casou ainda muito jovem, quase que simultaneamente ao início de sua formação acadêmica, e começou a se dividir entre seus dois papéis: o de profissional e o de dona de casa.

Em 1991, durante a faculdade, já casada, começou a estagiar no departamento jurídico de uma instituição bancária. Antes disso, havia trabalhado como professora de inglês para crianças, um ofício tão prazeroso que o considerava mais uma diversão do que um trabalho, principalmente se o comparasse com as rotinas e as responsabilidades do mercado financeiro.

A área em que estagiava estava totalmente conectada com o direito; no entanto, o universo desafiador das instituições financeiras a encantou e a fez se identificar totalmente. Aquele era um período importante nesse segmento, com a abertura e o aquecimento do mercado nacional. Então, no meio daqueles advogados conservadores ela conseguiu criar um grupo de profissionais jovens e criativos, que ainda estavam aprendendo, mas que já estavam cheios de vontade de fazer parte daquele importante momento de transição.

De repente, aos 21, com pouco mais de um ano em seu novo trabalho e no último período da faculdade, engravidou de sua primeira filha. Não foi uma gestação programada; contudo, como a maternidade também fazia parte de seus planos, não evitava a gravidez, por isso o único espanto que a novidade trouxe era por ainda ser muito jovem. A partir dali, tudo em sua vida começou a acontecer muito rápido, e ela considera que, dos 20 aos 30 anos, teve sua grande fase de desenvolvimento pessoal em todas as áreas: como mulher, esposa, mãe e profissional.

Três anos depois, já dando seus primeiros passos em sua bem-sucedida carreira no mercado financeiro, veio a segunda gravidez. Ao chegar nesse momento de sua história, ela faz uma observação extremamente importante e que traz uma peça indispensável na engrenagem que a possibilitou conquistar tudo o que buscava: a participação de seu marido. Ela destaca como é importante para uma mulher a escolha da pessoa que será sua companheira de vida. Seja um parceiro, seja uma parceira, essa pessoa será um apoio indispensável para tornar possíveis suas conquistas na vida pessoal e na profissional.

Toda dedicação ao trabalho, por parte dela e de seu marido, um talentoso médico-cirurgião do aparelho digestivo, lhes trouxe uma vida financeiramente um pouco mais confortável que a da média da população. Então, outras pessoas passaram a questionar por que ela não deixava o trabalho e se dedicava mais às filhas e à família. Como toda mulher, em alguns momentos e principalmente quando se deparava com esse tipo de crítica, sentia-se culpada por estar ausente. Em contrapartida, trazia a experiência de sua mãe e chegava à conclusão de que suas escolhas eram positivas para todos: para ela, suas filhas, seu marido e o papel que desempenhava em todos esses meios.

A todo momento, ela relembra a importância de seu esposo, com quem dividia os papéis em casa. Por exemplo, quando recém-casados ainda não tinham a possibilidade de contratar uma empregada doméstica em tempo integral, então, era de quem chegasse mais cedo a tarefa de preparar o jantar. E, dessa forma, compartilhando as responsabilidades também cuidavam das filhas.

Esse relato traz de volta a questão sobre as escolhas feitas durante a vida. Dois profissionais com carreiras em ascensão e duas lindas garotas em casa. A elas, era dedicado todo o tempo que não era destinado ao trabalho, como os fins de semana, feriados e períodos de férias. Por essa escolha, entre 20 e 30 anos, acabou se afastando naturalmente de amigos e da vida social.

Além disso, dedicava pouco tempo à sua saúde. Não tinha uma alimentação balanceada nem conseguia fazer qualquer atividade física. Em 2000, quando parou de fumar, chegou a ganhar dez quilos. Anos depois, quando o cenário mudou, conseguiu recuperar seu peso ideal.

Carreira em construção, duas filhas e um marido que a apoiava em todas as suas escolhas. Retomando sua história do início é possível perceber que nessa enumeração de realizações falta algo a ser riscado em sua lista: a experiência fora do país.

Estudar fora do Brasil era uma vontade antiga, a qual foi sendo adiada, mas nunca esquecida. Quando cursava o colegial (atual ensino médio), já cultivava essa ideia, a qual compartilhava com uma colega. Como, durante esse período, seus pais não consideravam investir nisso por falta de condições financeiras, ela e sua amiga resolveram entrar em contato com todas as escolas possíveis da Inglaterra consultando a possibilidade de uma bolsa de estudos. Uma das instituições deu uma resposta positiva, porém, mesmo assim, seu pai não permitiu que ela fosse. Seu sonho teve que esperar mais alguns anos.

O dia da realização desse desejo surgiu quando o banco em que trabalhava ofereceu a ela o patrocínio de um mestrado nos Estados Unidos. Nessa altura, ela estava com 28 anos e suas filhas com 2 e 5 anos de idade. Ela conversou com o marido e a decisão foi tomada: ela iria e passaria um ano fora, contudo levaria as filhas com ela. Foi essa a melhor forma que encontraram para aproveitar a chance.

Enquanto esteve morando nos Estados Unidos, recebia a visita do esposo a cada dois ou três meses. Esse período colocou a relação do casal à prova de fogo, no entanto, no final, eles saíram mais fortalecidos do que nunca. Ele sempre teve conhecimento de seus sonhos e seus planos para a carreira.

Uma nova fase se configurou entre os 30 e 40 anos. As filhas cresciam e a cada dia se tornavam mais independentes; a carreira já avançava bastante. Aos 31 anos, foi promovida à diretora e, aos 36, foi convidada a compor o comitê executivo do banco, o mesmo no qual iniciou como estagiária anos atrás.

Em 2008, houve uma grande fusão da instituição na qual trabalhava há 26 anos com outro importante banco do país. Hoje, já ocupa a vice-presidência do banco e mantém sua posição no comitê executivo da instituição. Sob sua responsabilidade, estão as áreas de recursos humanos, relações institucionais, comunicação corporativa, marketing e ouvidoria, e é reconhecida como uma das executivas de maior destaque do país.

Atualmente, é a única mulher no *board* que compõe a cúpula do banco, e um de seus objetivos é conseguir transformar a diversidade em valor naquela instituição. Em geral, o universo de colaboradores é composto majoritariamente por mulheres, porém essa proporção vai se invertendo à medida que sobem os níveis hierárquicos. Sua própria posição ilustra bem esse quadro.

Ela entende que uma das causas dessa situação é que o momento da transição de um cargo de coordenador para gerente acontece por volta dos 30 anos, fase em que muitas mulheres contemporâneas se dedicam à maternidade. Não seria essa a única razão, mas é, certamente, bastante relevante. "Eu vivi isso!"

Essa é a história de **Cláudia Politanski**, *vice-presidente executiva das áreas jurídica e ouvidoria, recursos humanos, relações governamentais e comunicação corporativa do Banco Itaú.*

A feminilidade pode ser um de seus maiores talentos

A atitude feminina e a humildade podem ser as armas mais poderosas na conquista de sonhos e objetivos. Foram esses valores que, aliados a muito trabalho e dedicação, transformaram uma garota da cidade de Franca, interior de São Paulo, em uma das líderes mais importantes e admiradas do país ao transformar um negócio familiar em uma gigante rede varejista. A empresa liderada por ela registrou expansão mesmo em cenário econômico de crise financeira. Essa gestora liderou a abertura de capital, e suas ações foram consideradas as de melhor desempenho por uma instituição especializada que avaliou milhares de companhias listadas nas bolsas dos Estados Unidos e em seis países da América Latina.

 A responsável por tudo isso é atualmente uma avó coruja de cinco netos, que reveza viagens para reuniões de negócios e palestras por todo o país com fins de semana cuidando dos netos, quando os filhos têm algum compromisso. Uma mulher com quem é possível, em uma mesma conversa, aprender lições valiosas sobre o mercado financeiro, debater o papel da mulher na sociedade e ainda notar seu interesse por detalhes familiares de seu interlocutor, como a saúde e o estudo das crianças, em um tom de voz amável e maternal.

Essa história inspiradora, que comprova como a mulher que opta por exercer seu lado mais feminino pode também alcançar grandes feitos, teve início em 1957, quando os tios dela adquiriram uma pequena loja de presentes em Franca. Um negócio promissor que, ainda naquela época, transformou-se em uma rede local de lojas e expandiu por outras cidades da região.

A garotinha do interior, filha única e também a única sobrinha mulher daquele casal de empresários, tinha um gosto especial por presentear familiares e amigos. Com apenas 12 anos de idade e dando seus primeiros passos em direção à adolescência ouviu de sua mãe que, naquele final de ano, se quisesse dar presentes teria que comprá-los com seu próprio dinheiro. Apesar de ser uma mulher com grande inteligência emocional, talvez a mãe não tivesse a consciência de que aquele seria o primeiro impulso que transformaria a filha na grande empresária e líder inspiradora que é hoje.

Dezembro é o mês do ano de maior movimento no comércio. Inclusive para aquela rede que já dava sinais de uma empresa madura e em expansão, mas que ainda era familiar. Talvez as vendas daquele período de férias e festas representasse muito mais para o faturamento anual do que hoje em dia. Aquele era o momento de ganhar dinheiro para todo o ano. Então, a jovem adolescente seguiu para uma das lojas e decidiu que naquele Natal ajudaria em um dos estabelecimentos.

Ela trabalhou muito, muito mesmo. E, como resultado, também vendeu muito e ganhou bastante dinheiro. Trabalhar no mês de dezembro passou a ser uma tradição e incentivou primos e outros familiares a fazerem o mesmo. O que era apenas um passatempo se transformou em trabalho e início de uma carreira brilhante no varejo.

À mãe, ela dá o crédito de uma das lições mais importantes que aprendeu e que replicou na criação dos próprios filhos. Ela não recebia de seus pais a pressão para ser a melhor aluna da escola, no entanto, eles se dedicavam a ensiná-la a ser uma pessoa responsável, que fizesse com que as coisas acontecessem e que tivesse a consciência muito clara de que o dinheiro não compra tudo. Talvez venha desse ensinamento sua tendência de gestão que privilegia as relações pessoais, uma cultura forte dentro de sua empresa.

Ainda na cidade natal formou-se em Direito e, aos 23 anos, casou-se com um rapaz de Presidente Prudente, também no interior de São Paulo, que se mudou para Franca a fim de cursar a faculdade. Em um intervalo de apenas três anos e meio teve seus três filhos, e mesmo assim manteve o foco em sua carreira profissional. Apesar de se tornar uma mulher cada vez mais poderosa e reconhecida, em sua relação conjugal ainda trazia os traços de sua criação interiorana, respeitando o espaço e o papel do marido. A esse perfil ela também credita a facilidade na convivência profissional com o universo masculino sem alimentar um ambiente competitivo, que sempre foi uma de suas principais características nos negócios.

Mesmo sendo uma líder reconhecida na sociedade, no ambiente familiar ela admite que não conseguiria criar sozinha filhos adolescentes. Dentro de casa e na educação da prole, o pai sempre teve posição segura e um papel importante. Ele tinha seus próprios negócios, mas sempre apoiou a carreira da esposa e vibrava com ela a cada conquista. O casamento durou mais de trinta anos até o repentino falecimento do marido.

Foi em 1991 que assumiu o comando de toda a empresa, sucedendo sua tia. O preconceito pode, muitas vezes, ao conhecermos sua história e ouvi-la descrever seu perfil simples e de uma mulher típica do interior, nos levar a imaginar que exerceu uma gestão mais conservadora e pouco criativa. Engana-se quem chega a essa conclusão. Ela é reconhecida como uma líder inovadora e um exemplo para qualquer jovem profissional ou empreendedor.

Em 1998, a rede de lojas passou a constar na lista das melhores empresas para se trabalhar no Brasil, em um ranking realizado pela revista *Exame* em parceria com o instituto Great Place to Work. Em 1999, ela desenvolveu um modelo de vendas on-line, que foi o embrião do comércio eletrônico e considerado um dos primeiros do mundo. Atualmente, sua empresa é uma das maiores representantes do e-commerce no país.

O forte processo de expansão nacional teve início em 2003 por meio de aquisições de outras redes, aberturas de novas lojas e agressiva presença virtual. Atualmente, conta com mais de 860 lojas espalhadas por todo o Brasil. Além das unidades físicas, oferece móveis, eletrodomésticos e eletrônicos em outros canais, como lojas virtuais, televendas, e-commerce e redes sociais. Um crescimento sustentável e uma cultura corporativa que mantêm o espírito inovador, o respeito às pessoas e o foco no desenvolvimento do país.

Com o trabalho baseado nesses valores, a empreendedora foi uma das fundadoras do Instituto de Desenvolvimento do Varejo (IDV), além de participar de diversos conselhos, como o Conselho de Desenvolvimento Econômico e Social (CDES) da Presidência da República. Ela ocupou uma das 5 vice-presidências do Conselho Diretor do Comitê Organizador dos Jogos Olímpicos e Paralímpicos Rio 2016, a única mulher no grupo. Em 2018, ficou em primeiro lugar no ranking de reputação de líderes do Brasil, em pesquisa realizada pela empresa espanhola de consultoria Merco.

Além de tudo isso, ainda encontra tempo para usar sua posição e exposição para lutar pelos direitos das mulheres. Em 2014, a empresa aderiu ao Pacto de Compromisso e Atitude pela Lei Maria da Penha, promovido pela Secretaria de Políticas para as Mulheres da Presidência da República. A ação tem como objetivo promover a cultura do respeito à igualdade e eliminar a violência doméstica. Internamente em sua empresa, desenvolveu o projeto "Mulheres em Ação", o qual oferece um curso de comunicação pessoal às colaboradoras, entre outros programas que beneficiam mulheres e seus bebês.

Recentemente, em 2018, foi empossada no Conselho Consultivo do Fundo de População das Nações Unidas (UNFPA) do Brasil. Ao lado de outros 13 conselheiros, trabalha de forma voluntária apoiando a identificação, a articulação e a proposição de estratégias, parcerias e soluções inovadoras para o Fundo de População da ONU. Além da nova responsabilidade, a empresária continua líder do "Grupo Mulheres do Brasil", criado em 2013, e composto por mulheres de vários segmentos que têm, em comum, o propósito de serem protagonistas na construção de um país melhor.

Ela acredita que, hoje em dia, o mercado valoriza muito mais o trabalho das mulheres, que provam sua capacidade por meio de muito esforço e dedicação, contudo ainda não é o ideal. Os conselhos de empresas no Brasil possuem apenas 7% de mulheres, por isso, ela se manifesta a favor das cotas, pois acredita que é uma medida transitória para acertar uma desigualdade.

Ela recorda que, no início de sua carreira, o modelo de administração era mais resistente às mulheres, principalmente aquelas, como ela, que mantinham sua feminilidade no ambiente profissional. Antigamente, quando ela dizia que tinha uma intuição para os negócios, não recebia nenhum tipo de atenção. Hoje, quando manifesta uma intuição, todos param para ouvi-la.

Assim, um de seus traços mais valiosos é nunca, nem com um negócio que se tornou gigante sob seu comando, ter mudado sua essência de mulher e mãe do interior, seja no que diz respeito ao poder e destaque que alcançou entre seus pares e na mídia, seja no que diz respeito ao seu poder aquisitivo. "Você não tem sucesso, você está com sucesso. Você não tem dinheiro, você está com dinheiro. Com essa consciência clara, os valores humanos com os quais fomos criados não mudam."

Essa é a história de **Luiza Helena Trajano**, *presidente do Conselho de Administração do Magazine Luiza.*

Conquista do espaço que é seu por direito

Uma opinião muito forte e consciente sobre o atual papel da mulher na sociedade e uma trajetória que tem alguns elementos comuns a todas as outras histórias que foram contadas até agora. Assim pode-se dar início à história de uma profissional do mercado financeiro que aos 41 anos já ocupa o cargo de CEO do banco em que trabalha. Nessa posição, acaba de assumir uma equipe de diretores composta quase totalmente por homens e até já compartilhou o mesmo ambiente de trabalho com o seu marido. Dessa experiência, trouxe uma grande lição sobre a importância e a necessidade de um posicionamento mais forte das mulheres em suas carreiras.

O início de sua vida profissional foi o momento a partir do qual começou a formatar a pessoa que é hoje. Conta que não foi ela quem escolheu o mercado financeiro, mas o mercado financeiro que a escolheu. Esse fato influenciou posteriormente sua formação acadêmica, que se iniciou quando dava os primeiros passos em sua carreira – o caminho inverso daquele traçado pelos estudantes, que, geralmente, primeiro escolhem o curso em uma faculdade e, apenas depois disso, vão em busca de uma posição no mercado de trabalho.

Ainda muito jovem, em 1991, conseguiu um emprego em uma imobiliária e, de forma orgânica, dentro daquela empresa, foi sendo levada para a área de relacionamento com investidores desse mercado. A identificação com aquela atividade foi quase imediata. O interesse pelo tema a levou a dar início à faculdade fazendo-a optar pelo curso de Direito. Seu objetivo era completar os estudos especializando-se em crédito imobiliário.

Mostrava-se uma profissional dedicada que tinha reconhecimento da própria empresa e também dos clientes investidores que atendia. Um desses clientes, no entanto, era proprietário de um banco e a convidou para fazer parte de sua equipe, oportunidade que seria um grande salto na carreira. Ela aceitou o desafio e, a partir de 1995, passou a ocupar o cargo de gerente de bens e patrimônio da instituição. Esse mercado a conquistara definitivamente.

Como agora não era responsável apenas por investidores do mercado imobiliário, reorganizou sua carreira, desistindo do curso de direito. Para ampliar sua área de conhecimento, iniciou uma nova graduação, dessa vez, em Economia, a qual completou e formou-se economista.

Quando toca no tema de sua formação, faz questão de destacar um conceito extremamente claro para ela, a divisão dos profissionais em dois perfis: os empreendedores e os executores. Existem pessoas que nasceram para empreender, criar novos negócios, novas empresas, e existem aquelas pessoas que nasceram para executar um trabalho e cuidar desses novos negócios e novas empresas. Ela se classifica como uma executora.

Os bancos são organizações extremamente complexas e com uma regulamentação bastante densa e específica, sendo um ambiente bastante propício para a realização de um bom trabalho por aqueles profissionais com um perfil vocacionado para a execução.

Apesar de clara a sua vocação e seguindo por uma carreira promissora, o fato de ser mulher em um segmento majoritariamente masculino exigiu, e ainda exige, esforços além dos resultados de seu trabalho para conquistar seu espaço. Esse processo trouxe lições de como se adaptar e alcançar destaque entre os homens. Seu aprendizado começou com o entendimento de que, não apenas ela, mas qualquer mulher no mercado de trabalho, precisava conquistar de forma consciente o espaço a que tem direito. Essa posição não deveria ser nem melhor nem pior que a dos homens, mas o lugar que lhe pertencia.

Assim como qualquer ser humano tem sua personalidade e diferenças no que dizem respeito a forças e fraquezas, homens e mulheres têm distintos perfis de comportamento, de forma de trabalho e de liderança. Esses contrastes são explicados tanto biologicamente – com os hormônios – quanto culturalmente, já que muitas mulheres ainda recebem uma criação distinta da dos homens. Isso não significa que um gênero seja melhor ou pior em determinada atividade, mas que características específicas mais afloradas, como a maior flexibilidade das mulheres, podem ser facilitadoras na execução de um trabalho, e essas diferenças não impedem que elas exerçam qualquer atividade com resultados tão satisfatórios como os alcançados pelos profissionais do sexo masculino.

Assim, para a economista, aceitar-se – com a consciência de que o "ser mulher" traz limitações, mas também vantagens – é o primeiro passo que define o empoderamento feminino. E para ter a liberdade de exercer sua feminilidade e alcançar seu espaço, é necessário que a mulher tenha força e coragem de se posicionar.

A fim de exemplificar a importância do posicionamento firme exigido das mulheres, a CEO conta sobre sua experiência quando o banco em que trabalha passou por uma fusão e ela assumiu um grupo de novos diretores subordinados a ela. Naquela ocasião, um fato importante foi o impulso que a levou a reconhecer que precisava tomar uma atitude. Ela constatou que o salário requisitado por aqueles profissionais era acima ao seu próprio rendimento, que lhes era superior hierarquicamente.

Foi obrigada a exigir o ajuste de seu próprio salário, já que não é possível um profissional ser remunerado com valor inferior a seus subordinados. Contudo também tirou uma lição que nunca mais esqueceu: as mulheres precisam se posicionar, dar visibilidade ao seu trabalho, às suas habilidades, aos resultados que alcançam e, consequentemente, conquistar o espaço que lhes pertence dentro das empresas.

Ao observar o perfil dos profissionais do sexo masculino, ela percebe claramente como eles têm mais aptidão e agilidade em conseguir o reconhecimento pelo trabalho que executam e pelos resultados que entregam. Esse fenômeno é reflexo da sociedade machista em que as pessoas são criadas, mas a culpa não pode ser toda apontada aos homens. Também é responsabilidade das mulheres assumir um posicionamento mais forte e corajoso.

Para exemplificar, ela cita que, em seu círculo de convivência com amigos e colegas, é reconhecida por sua alegria, sociabilidade, pelo trabalho voluntário ao qual se dedica. No entanto, pouquíssimas vezes é lembrada e recebe créditos como profissional, como uma economista importante e como uma voz de opinião requisitada e respeitada no cenário econômico nacional. Uma mulher que lidera cerca de 10 reuniões por dia, nas quais toma decisões sobre carteiras de crédito imobiliário que acumulam 700 milhões de reais e que ultrapassa 1 bilhão de reais em ativos totais.

Um detalhe para o qual ela chama a atenção é bastante similar à história da vice-presidente de uma instituição bancária contada em tópico anterior. Em sua equipe de gerentes e superintendentes existem muitas mulheres, no entanto, quando observado o quadro de diretores, quase a totalidade é formada por homens. Os mesmos que, ao serem absorvidos para a equipe na nova fase da empresa após a fusão, pleitearam salários superiores aos dela.

De qualquer forma, ao descrever esse cenário atual de sua equipe, destaca que ela não pode culpar os profissionais do sexo masculino por essa situação ou mesmo acusar uma contratação de ser machista. As mulheres precisam reagir e conquistar o seu espaço, elas têm total condição de entregar os mesmos resultados.

Muitas vezes, mesmo que inconscientemente, as mulheres acabam aceitando uma situação inferior por acreditarem que, para elas, aquele ponto que já alcançaram é o topo de suas carreiras. São valores que a própria cultura introduz na mente delas e que as levam a se acomodar. A obrigação de cuidar da casa, dos filhos ou de engravidarem, de ter um marido provedor ou simplesmente por não se considerarem tão capazes são algumas das "justificativas" que as impedem de alcançar os mesmos objetivos e ambições que os homens.

A competição entre os gêneros no mercado de trabalho é inegável. No entanto, para ela é algo saudável e pode estimular a mulher a tomar uma atitude efetiva para assumir desafios iguais aos dos homens em suas carreiras e na vida. E foi enfrentando preconceitos e com pulso firme na conquista de seu espaço que conheceu um superior hierárquico que se tornaria o seu marido, em um segundo casamento.

Relacionamentos entre pessoas que atuam no mesmo segmento do mercado de trabalho costumam ser bastante positivos, pois tendem a ser mais compreensíveis e empáticos quanto aos problemas do dia a dia. No entanto, quando essas pessoas estão na mesma empresa, precisam seguir algumas regras para garantir a sustentabilidade do relacionamento, como definir de forma clara os limites entre os ambientes pessoal e profissional, não deixando que uma área invada ou interfira na dinâmica da outra – e essa lição ela aprendeu na prática.

Atualmente, com as recentes mudanças na instituição, o casal já não divide mais o mesmo ambiente de trabalho. Ela, aos 41 anos, está à frente de um banco que atua no setor de crédito, financiamentos e investimentos, com foco, principalmente, no mercado imobiliário, e que segue um modelo de gestão descentralizado, baseado nos princípios de governança corporativa, que visa garantir a adoção de boas práticas empresariais alinhadas ao mercado.

A cada dia, continua exercendo o seu posicionamento com coragem, consciente de que ainda tem muito a conquistar e que essa postura é o verdadeiro empoderamento feminino. "Se a nossa criação, a nossa sociedade, o nosso jeito de encarar as coisas fossem mais igualitários, não seria necessário esse tipo de preocupação. Enquanto isso, devemos assumir a responsabilidade que nos cabe nessa conquista."

*Essa é a história de **Cláudia Martinez**, economista e CEO do Banco Maxima.*

Enfrentar o preconceito é o atalho para o sucesso

Uma jovem alagoana aprendeu com sua avó desde muito cedo a importância do capricho e dos detalhes, enquanto costurava suas próprias roupinhas de bonecas. Muito cedo mesmo! Tanto que, aos 8 anos, já "dava expediente" na brincadeira que considera sua primeira butique, onde vendia os pequenos trajes produzidos para as amigas, já que elas não tinham o mesmo dom com os tecidos e as agulhas. Hoje, aos 55 anos, essa mulher nordestina é um dos nomes mais respeitados da moda brasileira dentro e fora do país.

Introduzir sua trajetória com a recordação de suas primeiras bainhas quando ainda costurava para suas bonecas e viajar no tempo direto para os dias atuais, quando já possui uma marca que leva seu nome e uma loja própria em Los Angeles, talvez não dê à leitora a exata dimensão da trajetória de desafios e preconceitos que enfrentou até poder contar aqui a história de uma carreira brilhante. O caminho foi difícil, mas por ele encontrou tempo e viu a oportunidade de utilizar o seu trabalho na criação de um projeto que empodera outras mulheres do sertão nordestino por meio da moda.

Filha de funcionários públicos, viveu sua infância em Brasília, na década de 1960. Nesse período, a moda vivia uma forte transformação e conquistava certa liberdade, considerando os rígidos valores daquela época, principalmente para as mulheres. Foi quando ela começou a aprender com sua avó a observar e se inspirar na beleza das coisas à sua volta, como a natureza, a arquitetura e as pessoas.

Sua avó era professora de arte, admiradora da moda e muito perfeccionista no que se propunha a fazer. Ao dar as primeiras lições de costura à neta, já dizia que ela deveria ter com as roupinhas de suas bonecas o mesmo cuidado que uma costureira profissional tinha com os trajes das mulheres. E, assim, com suas pequenas e delicadas mãozinhas já fazia pés de gola, bolsos faca, bainhas e casas de botão sob o olhar atento de sua mestra exigente.

Seu pai era síndico do prédio em que moravam, em Brasília, e, de tanto a pequena modelista insistir, ele encontrou um cantinho no condomínio que servia de ponto de encontro para atender às suas amigas após o horário da escola. Ela mostrava, então, que os sinais precoces de talento artístico vinham acompanhados do talento para os negócios. Um dom que continuaria a se manifestar de forma cada vez mais latente durante sua adolescência e juventude.

Aos 12 anos, ela e sua família voltaram para Maceió, sua terra natal. A pré-adolescente fez novas amigas, porém, nessa faixa etária as garotas já não tinham mais interesses por bonecas, e suas clientes em potencial já não buscavam os pequenos trajes que até então eram o seu principal produto. Mas isso não a impediu de encontrar um meio de continuar em contato com aquilo que mais gostava de fazer. Descobriu que duas amigas tinham sonhos em comum com ela; então decidiram criar juntas uma pequena feira de artesanato à beira-mar na praia de Pajuçara. Essa foi a sementinha plantada por três jovens sonhadoras que com o passar dos anos se transformou em um projeto que cresceu muito e hoje, apesar de não mais pelas mãos delas, é um dos mais tradicionais pontos de comércio e de turismo da cidade.

Ao mesmo tempo que sua veia empreendedora ainda aflorava, ouvia de seu pai que teria o seu apoio no que ela quisesse fazer em sua vida, no entanto, apenas depois que tivesse um diploma universitário em mãos. Ela compreendeu o recado. Poderia seguir a carreira que escolhesse, desde que, antes, cursasse uma faculdade, independentemente da área de formação. Pois ela conseguiu não apenas um, mas dois diplomas, concluindo os cursos de direito e economia. E não parou por aí. Para realizar um sonho familiar e dar tranquilidade a seu pai foi aprovada em um concurso público do Banco do Brasil.

Agulhas, linhas e máquinas de costura passaram a dividir espaço com calculadoras e computadores em um cenário que seus pais acreditavam que lhe traria a estabilidade financeira e garantiria um belo futuro profissional. No entanto, não era apenas isso que ela buscava para sua carreira, mas, sim, atender ao seu verdadeiro propósito no mundo da moda. Não tardou para que ela transformasse os banheiros femininos da faculdade e do banco em que trabalhava em seu novo espaço de vendas, suas colegas em suas novas clientes e retomasse seu contato com a moda e o empreendedorismo.

Nessa fase, ainda não havia criado sua própria marca e atuava como revendedora de outras grifes. No entanto, uma característica de seu trabalho que mais atraía a atenção de suas clientes e dava-lhe fama como vendedora era o seu talento para selecionar os modelos que iria comercializar, demonstrando uma compreensão invejável do que as mulheres queriam usar e das tendências mais atuais de vestuário, além do talento com as customizações. Peças simples, como blusas e camisetas, ganhavam rendas e bordados, detalhes que marcam o seu trabalho até hoje.

As vendas diretas dividiam o seu tempo livre com a feira de artesanato, com a qual ainda estava envolvida. Contudo, ela já não dava conta de atender a toda aquela demanda de clientes que crescia no ambiente do trabalho e da faculdade. Sendo assim, o próximo passo foi transformar um quarto vazio no apartamento de sua mãe em uma loja improvisada, onde fazia a exposição de sua mercadoria e passou a receber as alagoanas que buscavam as tendências da moda. E foi assim que seguiu trabalhando por dois anos.

Durante a década de 1980, precisando de mais espaço e não querendo mais incomodar sua mãe com o entra e sai de clientes que crescia a cada dia, a vontade e a necessidade de abrir uma loja começam a rondar sua cabeça e ela se convence de que deveria optar por isso inevitavelmente. A essa altura, desligou-se de seu emprego no Banco do Brasil. Então, enquanto buscava um espaço maior e mais exposto, soube de um local dentro de uma galeria comercial de Maceió, disponível para aluguel e com um preço acessível. Era a oportunidade que esperava.

O movimento de clientes continuava crescendo, e a loja da galeria já não era grande o suficiente. Com tanto sucesso nas vendas, conseguiu juntar dinheiro e transferiu sua butique para um endereço de frente para o mar, no bairro de Ponta Verde, uma área nova que nascia naquela cidade. No novo endereço, o negócio continuou a crescer, tomando os imóveis vizinhos. Primeiro um, depois dois, três... até se transformar em uma enorme *maison* de moda com grande fama na sociedade alagoana.

Foi nessa época que começou a frequentar um bairro distante chamado Portal da Barra. Seu destino era uma casa onde produzia as peças que abasteciam sua loja, juntamente com outras sete mulheres rendeiras – uma mãe e suas filhas – que moravam nesse espaço. A princípio, essa produção local e artesanal tinha o objetivo de preencher seus estoques e atender uma forte demanda de impacientes clientes que não aguentavam esperar pelas novidades entre os intervalos de lançamentos das coleções multimarcas que comercializava.

Em 1997, mudou-se pela terceira vez de endereço, para um novo, mais espaçoso e aconchegante. Dessa vez, o local estava totalmente reformado e preparado para recebê-la. Esse foi um ano marcante em sua trajetória, pois, desde então, já tinha suas criações próprias, produzidas em um ritmo acelerado, e o negócio foi rebatizado. Sua marca passou a levar seu próprio nome, exposta na fachada da loja e nas etiquetas, a exemplo das mais famosas grifes internacionais.

Um ano depois, seu perfil de empreendedora inquieta voltou a incitá-la, e ela decidiu que, se quisesse, definitivamente, ganhar espaço e notoriedade no mercado da moda, deveria ter uma loja em São Paulo, o que passou a ser seu próximo objetivo.

Ela sabia que, em São Paulo, a realidade seria outra, já que o mercado era mais disputado, seu trabalho não era conhecido e ela não tinha nenhum contato que pudesse lhe ajudar a abrir portas na cidade. Mas isso não a amedrontou nem passou por sua cabeça desistir. Também tinha a consciência de que precisaria de recursos financeiros. Dessa vez, não iria mudar de endereço, e sim expandir. A loja de Maceió continuaria aberta.

Com exceção da loja, vendeu tudo o que tinha, pois estava decidida que abriria as portas de uma nova loja na capital paulista. Em 2009, reuniu as economias que conseguiu juntar e viajou à cidade acompanhada de um dos filhos, o qual trabalha com ela até hoje. Uma vez lá, percebeu que aquele dinheiro não seria suficiente nem para começar. Seu filho e ela encontraram um ponto disponível para locação nos Jardins, bairro de classe média alta, onde, tradicionalmente, localizam-se todas as lojas de rua das mais importantes grifes nacionais e internacionais. Decidiu, então, fazer uma proposta que, a princípio, parecia de improvável aceitação, mas precisava arriscar. À dona do imóvel propôs que cedesse o espaço, e em um mês ela faria do lugar um grande sucesso, assim como fez em Maceió, e pagaria o aluguel. Sua determinação durante a conversa era tanta que a locatária concordou.

Hoje, mediante o sucesso que alcançou, algumas situações rememoradas se tornaram motivo de risos, mas na época foram desafios muito duros – como o conselho de um profissional de relações públicas para que ela não se estabelecesse em São Paulo, pois não tinha o perfil de uma estilista de moda: era mulher nordestina e ainda estava acima do peso. As primeiras clientes que ela abordou fizeram críticas severas à estética de suas peças, que privilegiava as rendas manuais, alegando que não vestiriam toalhas de mesa ou vestidos com cara de feirinha de artesanato.

No entanto, não deixou que o preconceito a desestimulasse e entrou na primeira turma de graduação em moda do Senac, que se tornou uma das escolas mais respeitadas do país. Conseguiu aperfeiçoar suas criações e, com o tempo, foi a grande responsável em transformar a renda brasileira em um produto de luxo reconhecido mundialmente.

De 7 rendeiras alagoanas com quem começou a produzir suas primeiras peças, hoje conta com 400 mulheres em uma verdadeira ação de responsabilidade social de empoderamento feminino. Em 2014, fundou o projeto Olhar do Sertão realizando mais um sonho: ajudar a população carente do sertão brasileiro. Desde então, a relação com a região é de um aprendizado mútuo. No Nordeste, capacita mulheres para o trabalho e, em troca, descobre verdadeiros tesouros que saem das mãos dessas mulheres, os quais não seriam encontrados em nenhum outro lugar do mundo. Contudo, o projeto não se resume a fornecer a elas uma fonte de renda e um interesse para algum ofício. Ele envolve todo um trabalho de cuidados com a saúde e a infraestrutura, como a construção de poços artesianos em áreas aonde não chegava a água. Os recursos que viabilizam tudo isso vêm de palestras e licenciamentos.

Atualmente, a capital paulista já possui lojas em dois endereços, e suas coleções participam de desfiles nos espaços e eventos mais luxuosos da cidade. A abertura da terceira loja já está em seus planos em um futuro próximo. Ela continua com sua loja em Maceió, conta com uma butique em Trancoso, na Bahia, além da expansão internacional, com a abertura de uma loja que expõe seu nome na fachada, em Los Angeles, nos Estados Unidos. Seus vestidos, que levam meses para ficarem prontos, vestem várias personalidades como Xuxa e Ivete Sangalo, além de estrelas internacionais como Jessica Alba, Patricia Arquette e a colombiana Sofía Vergara.

Seu sucesso atravessou fronteiras e abriu portas para que o mundo conhecesse a moda brasileira e valorizasse sua estética. Porém, o que a faz mais realizada em sua trajetória está no sertão nordestino. "Recebi a foto de uma rendeira cheia de verduras nas mãos, colhidas em seu terreno graças ao poço que transformou a realidade da região."

*Essa é a história de **Martha Medeiros**, estilista, fundadora da marca que leva seu nome e do projeto de responsabilidade social Olhar do Sertão.*

O empreendedorismo como responsabilidade social

A jovem criada em uma família bem estruturada da região Norte do país tinha caminhos mais confortáveis pelos quais poderia seguir e levar uma vida tranquila. Optou por trilhar o mais desafiador, porém, era aquele que a faria se sentir mais realizada e feliz. Atualmente, com apenas 28 anos, é formada em administração de empresas, caminha para o término de sua segunda graduação, em direito, cursa um MBA em gestão de projetos e é fundadora de um instituto que financia ONGs dedicadas a empoderar pessoas em situação de risco.

Além desse currículo que introduz sua recente biografia, ainda trabalha ativamente no escritório de advocacia que mantém com o marido, que conta, no total, com 38 filiais espalhadas por todo o Brasil. Apenas no estado de São Paulo são 7 unidades.

Foi criada em um lar patriarcal no qual o pai, militar aposentado da Aeronáutica, era o chefe e provedor, no entanto, sua mãe se recusava a se acomodar e ficar estagnada. Seus pais eram bioquímicos farmacêuticos e proprietários de uma rede de laboratórios populares e farmácias em Belém do Pará. Sua mãe acabou exercendo um papel importante para o desenvolvimento da empresa ao assumir a área comercial, uma mulher de negócios que encontrara seu propósito em reuniões e viagens de trabalho.

Aquela postura de empresária encantava sua filha que ainda era uma criança. Uma menina que, às vezes, sentia a falta da presença da mãe, contudo, sempre faz questão de afirmar que, hoje, entende que sua mãe fez o certo em se dividir entre a família e o trabalho, pois acabou conseguindo sentir-se realizada nas duas áreas e, caso tivesse aberto mão de uma delas, poderia não ter sido tão feliz.

Naquela época, aquela garotinha já nascia em uma família cuja situação financeira era confortável, contudo essa não era a realidade da origem de seus pais. Seu pai, por exemplo, veio de uma família humilde composta de 21 irmãos. Por isso, desde pequena seus pais a estimularam a lutar e a conquistar o que queria; nada vinha de forma fácil. Se ela queria um celular, tinha que trabalhar, mesmo que de brincadeira – aos 12 anos de idade, ele a colocava na recepção dos laboratórios, e foi lá onde começou a aprender o que significava ter responsabilidades.

Esse comportamento criou nela um perfil empreendedor que, depois, passou a ser motivo de conflito com o pai. Ela, cheia de novas ideias, queria apresentá-las a ele que, muito rígido e tradicional, não confiava nas sugestões de uma garota tão jovem e acabava não a levando a sério. Isso resultou em incontáveis discussões.

Ainda na adolescência, cultivava o forte desejo de dar os primeiros passos em algo que partisse dela, mas encontrava seu pai de ouvidos fechados a todas as suas propostas. No entanto, ela encontrou um jeito e se tornou uma revendedora de joias. Enquanto suas colegas da mesma idade se reuniam e pensavam em coisas comuns à juventude, ela já se preocupava em ganhar dinheiro.

Ao completar 18 anos, já cursava a faculdade de Administração e tomou uma decisão. Sem que seus pais dessem a permissão ou, ao menos, soubessem de seus planos, pediu transferência para uma faculdade de São Paulo. De seu pai, recebeu sermões e a promessa de que, se realmente fosse embora, não contaria com a ajuda dele para nada. Já, de sua mãe, teve todo o apoio e estímulo para que fosse atrás do que queria.

Foi em São Paulo que conseguiu um emprego em um escritório de advogados e teve seu primeiro contato com o Direito. Era responsável pela gestão de contratos e, desde aquela época, a dificuldade com termos jurídicos e a impossibilidade legal de liderar sozinha uma reunião a incomodavam. Sempre teve um perfil muito perfeccionista e, por isso, já começava a nutrir a ideia de uma segunda graduação em Direito, curso que, atualmente, está em fase de conclusão.

Durante o segundo ano da faculdade de direito se casou. Como acontece com quase todas as mulheres, o matrimônio a fez parar por um momento para repensar sua vida e, consequentemente, sua carreira e como ela seguiria dali para a frente. Deu uma pausa de três meses, os quais dedicou a planejar como seria o futuro. Tornar-se dona de casa nunca foi uma opção para ela. Então, nesse período em que estava afastada do trabalho acabou se reaproximando do voluntariado, algo que sempre foi bastante presente em sua vida e de sua família desde criança.

A partir de então começou a observar como os trabalhos voluntários eram realizados por diversas instituições e a manifestar interesse em qual seria o real impacto social de tudo aquilo, qual era o retorno efetivo e o que aquelas ações gerariam no futuro. Começou a encontrar muitos pontos de desacordo com o que ela realmente acreditava.

Para seguir com suas atividades de forma alinhada com os conceitos nos quais confiava, tinha duas alternativas. Uma delas era iniciar seu próprio trabalho voluntário, sua própria ONG. Contudo, já existiam tantas que faziam bons trabalhos, tantas pessoas competentes no que se propunham a fazer e com boas ideias, porém sem apoio. Por que ela seria mais uma? Então partiu para uma segunda alternativa na qual suas habilidades seriam muito mais úteis: ajudar as instituições que já existiam e tinham ótimas propostas de trabalho a conseguirem investimento.

Levou sua ideia ao marido, um advogado e empreendedor nato que, assim como o pai dela, tem origem em uma família humilde, do interior do Paraná, nascido na roça e que lutou para conquistar tudo o que tem hoje. Juntos, fundaram um instituto voltado à educação e à capacitação de pessoas em estado de vulnerabilidade, um trabalho que tem como crenças o desenvolvimento e a oportunidade para transformar vidas, principalmente de crianças, adolescentes e idosos.

A alternativa encontrada para manter-se atuante no trabalho social acabou lhe trazendo mais responsabilidades e muita pressão, pois, com o instituto, teve de lidar com dinheiro, desde a captação à seleção das instituições que receberiam o auxílio. No entanto, nada disso a assustou; ao contrário, trouxe motivação, principalmente quando sua mãe a ajudou a recordar que desde muito criança dizia que seu sonho era trabalhar em algo que ajudasse quem precisa. Quanto maior o trabalho, mais privilegiada ela se sente.

Uma das organizações selecionadas pelo instituto representa bem o caminho de seu trabalho, o que ela acredita e o que busca como resultado. Trata-se de uma ONG que atua com jovens que não possuem a figura de um adulto presente na vida, não contam com um exemplo a quem possam admirar e em quem possam se espelhar. As crianças costumam espelhar-se nos pais ou responsáveis. Nesse trabalho, as vidas são transformadas quando aprendem a como construir seus próprios sonhos sabendo que existe alguém estendendo a mão para eles.

Além disso, visitou uma instituição no Chile que realiza um belo trabalho de capacitação de mulheres em programação e tecnologia da informação, o qual se interessou e gostaria de trazer para o Brasil. É um trabalho de empoderamento social e com pensamento inovador, que foca no desenvolvimento de habilidades e na empregabilidade dessas mulheres, preparando-as para um cenário do que será exigido delas daqui a cinco anos.

Todo o trabalho do instituto está apoiado na atuação *pro bono* do escritório de advogados da família. "Meu maior poder de convencimento nasceu quando percebi que, ao investirmos no empoderamento social e nas pessoas, influenciamos diretamente na economia."

*Essa é a história de **Anne Wilians**, administradora, futura advogada e fundadora do Instituto Nelson Wilians.*

Conhecimento é poder

Nascida no interior de Minas Gerais, filha de pais humildes com pouco estudo, mulher e negra. Em um país como o nosso, aquela garota sonhadora poderia fazer parte das estatísticas, quase sempre, cruéis e limitadoras às pessoas com seu perfil. Contudo, hoje é uma das empresárias mais respeitadas do Brasil e lembradas em listas das mulheres mais poderosas do país e ocupa a posição de CEO na filial de uma empresa dinamarquesa de atuação global, uma das mais famosas grifes de joalheria do mundo e que já ultrapassou 10 mil pontos de venda ao redor do planeta.

Bastante requisitada como palestrante, a executiva de 46 anos sempre inicia sua fala para as plateias destacando que ela faz parte de um grupo que representa apenas 1% das pessoas em cargos de nível presidencial nas empresas brasileiras, que são as mulheres negras. Um número quase microscópico que chama atenção principalmente porque a companhia em que trabalha atua no mercado de luxo, um segmento que ela mesma descreve como "loiro, magro e de olhos azuis".

Um dos segredos para que ela tenha alcançado, não apenas a posição que ocupa hoje, mas toda a construção de uma belíssima carreira com passagens de destaque por outras multinacionais, é o conhecimento. Para ela, conhecimento é poder, e o melhor de tudo, é inclusivo e compartilhável.

Nasceu em um bairro da periferia de São Paulo e era a filha caçula de 7 irmãos, além de mais 2 primos que também viviam em sua casa e, com seus pais, totalizavam uma família de 11 pessoas. Ao narrar a trajetória na infância e adolescência se recorda que, em algumas ocasiões, precisavam dividir um único frango no almoço de domingo. Sua mãe revezava entre todos as partes nobres da carne, como peito e coxas, e as partes menos nobres. Dessa forma, aprendeu uma das primeiras lições da vida: para alcançar algo, na ocasião uma saborosa coxa ou uma lasca da carne mais macia, antes era necessário enfrentar o dia de comer a carne mais dura. E, com isso em mente, era possível não se entristecer, e sim se animar, sabendo que o dia de desfrutar o melhor chegaria.

Ainda como uma jovem sonhadora, seguiu o caminho comum às pessoas em busca de melhores oportunidades, mudou-se para São Paulo onde se formou em Ciências Contábeis nas Faculdades Metropolitanas

Unidas (FMU). Já diplomada, conseguiu um emprego em uma rede internacional de lojas de conveniência, que apostava alto no Brasil na década de 1990 com unidades espalhadas por todo o país.

Essa foi sua primeira experiência em uma multinacional. Já nessa ocasião, percebeu como ter inglês fluente era importante – fluente no significado exato da palavra, e não aquele que os candidatos costumam informar para enriquecer seus currículos quando, na verdade, suam frio na hora que precisam enfrentar uma simples entrevista no idioma. Como toda sua vida estudou em escola pública, sua experiência com o idioma era limitada ao verbo *to be*.

Após sete anos e meio na empresa, o grupo retirou-se do país. Perder seu emprego parecia algo ruim, mas, na verdade, ela enxergou uma oportunidade. Então, investiu todo o dinheiro de sua rescisão, cada centavo dele, em um curso de inglês no Canadá. Naquele momento o maior desafio não foi tomar a decisão, mas, sim, comunicar a seu pai que aquele recurso inesperado não seria utilizado para ajudar a família. Era a primeira entre seus irmãos a conseguir realizar uma viagem internacional. Com a intervenção da mãe conseguiu, finalmente, a bênção do pai e pôde dedicar-se ao aprimoramento do idioma durante um ano.

Quando retornou ao Brasil, em 1998, sua reserva financeira estava próxima do fim e era mais do que urgente encontrar um novo emprego. E ela conseguiu.

Foi contratada por um grupo farmacêutico suíço por ter o inglês fluente, pré-requisito indispensável, e a empresa estava com grande dificuldade em encontrar alguém com essa habilidade para uma posição na área contábil. A partir de então, começou a experimentar os resultados que o investimento em sua formação e desenvolvimento pessoal lhe traziam.

Após pouco mais de dois anos de trabalho nessa empresa, essa importante lição voltou a lhe provocar e ela decidiu que era hora de uma reciclagem, precisava dar um *upgrade* em seus conhecimentos. O investimento em seu desenvolvimento pessoal a levou para uma nova temporada de estudos, que passou por Nova York, Miami e Chicago, onde participou de programas de aprimoramento em liderança, finanças, entre outras áreas, que lhe dariam um diferencial no mercado de trabalho.

Sempre foi apaixonada por arte, principalmente pelo trabalho de Pablo Picasso. Em 2001, graças a essa paixão, teve um estímulo para retornar repentinamente aos Estados Unidos: conhecer a filha do artista que admirava, Paloma Picasso, a qual visitaria São Paulo a fim de lançar uma linha de joias com a mais tradicional, luxuosa e famosa grife de joalheria do mundo.

Nessa ocasião, foi abordada por um *headhunter* e soube que aquela mesma grife, que trouxe Paloma ao Brasil, estava em busca de uma executiva com perfil bastante específico. Procuravam uma mulher, com profundos conhecimentos de contabilidade e, mais uma vez, com o inglês afiado para os negócios. Concordou em participar de um processo seletivo no qual se deparou com vários homens, pois estavam com dificuldade em encontrar uma mulher com o perfil desejado e acabaram abrindo também a oportunidade para eles.

Aquele cargo não era sua primeira opção de emprego após seu retorno ao país. Como não estava tão interessada, a passagem pelo processo de seleção não lhe trouxe nenhum tipo de nervosismo. No final, foi aprovada e convidada para ser CFO da marca no Brasil. Um dos momentos mais importantes de sua carreira, pois foi quando a mulher negra nascida em uma família humilde do interior começou a se consolidar como uma das executivas mais importantes do mercado de luxo. Foi, então, contratada pela empresa onde ficou por sete anos, até ser surpreendida pelo convite da multinacional em que trabalha atualmente – e de forma brilhante.

Trata-se de outra grife internacional de joias, mas com público-alvo e posicionamento totalmente diferentes da anterior, conhecida pelos preços acessíveis a muito poucos. Dessa vez, o objetivo era oferecer luxo a uma parcela muito maior da população. Em 2010, o grupo estava investindo em uma expansão agressiva no Brasil e precisava de ajuda. Na época, quando foi contratada, havia somente 2 pontos de venda no país, atualmente a empresa conta com quase 100.

Ela se lembra de que, ao manifestar a intenção de abrir uma terceira loja em um shopping de São Paulo, o presidente global da rede se negou a dar suporte financeiro. Primeiro teria que entregar lucro a eles e só então veria algum dinheiro vindo de fora. Ela, no entanto, não desistiu. Com os poucos recursos de que dispunha, abriu uma pequena loja de 35 metros quadrados, que hoje ocupa o quinto lugar em vendas de toda a rede.

Por onde vai, ostenta em seus braços os braceletes que são a marca registrada da grife e leva muito a sério o seu papel de uma mulher inspiradora, seja como modelo da empresa para qual trabalha, seja como representante da diversidade racial e de gênero entre o seleto e masculino grupo de executivos das maiores empresas do Brasil.

Leva muito a sério o seu papel de ativista e tem um belo trabalho em parceria com a ONU Mulheres na campanha HeForShe, lançada com o famoso discurso de Emma Watson, em 2014. Além disso, também prepara um novo projeto, dentro de sua atual empresa, que terá o objetivo de capacitar jovens mulheres da periferia para o varejo. "Ajudar a construir um legado de igualdade é a minha responsabilidade."

Essa é a história de **Rachel Maia**, *CEO da rede de joalherias Pandora. Faz parte do Conselho Geral do Consulado Dinamarquês e da Câmara Dinamarquesa,* *além de ser membro dos conselhos: Comitê de Presidentes da Câmara Americana de Comércio, Young's President's Organization, Instituto para Desenvolvimento do Varejo, Grupo Mulheres do Brasil e Conselho de Desenvolvimento Econômico e Social do governo brasileiro.*

O verdadeiro desejo de mudança te torna invencível

Uma mulher nordestina forte e determinada resolve transformar radicalmente o rumo de sua vida profissional e pessoal. No momento em que tomou essa decisão, passou por um divórcio e se mudou do interior da Bahia para o Rio de Janeiro com seus três filhos pequenos. Ela estava disposta, definitivamente, a recomeçar sua vida. Após uma tentativa de entrar para o mercado da moda, apaixonou-se pelo mundo dos aromas e seguiu pelo caminho do empreendedorismo. Hoje, aos 51 anos, é uma empresária de sucesso e realizada, sócio-fundadora de uma das maiores produtoras e redes de perfumaria do país que soma mais de uma centena de pontos de venda entre lojas próprias e franqueadas.

Sempre muito bem-humorada, relata sua história com um insistente sorriso que nunca a abandona, mesmo ao se recordar dos momentos mais difíceis de sua trajetória. É por essa paixão pela luta em realizar seus sonhos e por essa alegria sempre presente servindo de estímulo que é possível, já de início, entender de onde vem seu entusiasmo e aprender com ela a primeira lição: se há o verdadeiro desejo de mudança, não há idade, casamento ou filhos que possam servir de desculpa para desviá-la de seus sonhos e de enfrentar os desafios com prazer.

Sua cidade natal, Itabuna, na Bahia, foi onde vivia casada, com três filhos e seguia confortavelmente sua carreira como advogada. Em dado momento de sua vida, já divorciada, decidiu que iria atrás de seu propósito e mudar totalmente sua profissão. Tinha a consciência de que, independentemente de qual fosse o caminho escolhido, ao mesmo tempo que lutava pelos seus sonhos, precisava criar e sustentar as crianças sem a ajuda de ninguém. Ao contrário do que muita gente poderia especular, para ela, filhos não eram uma barreira, pelo contrário, eram os maiores estímulos para que ela tomasse a importante decisão de largar tudo e seguir por um novo caminho.

Após seu divórcio, preparou as malas e se mudou com as crianças para o Rio de Janeiro, um dos grandes centros do país onde acreditava que conseguiria aprender sobre o fascinante mundo da moda e entrar nele. Na Cidade Maravilhosa, voltou a estudar e iniciou uma pós-graduação em produção e figurino de moda, no Senac Rio. Contudo, dentro do próprio curso, um convite de trabalho de um de seus professores apresentou a ela um caminho diferente. Na época, ainda não tinha consciência de que aquilo representaria um pequeno passo para o que lhe reservava o futuro.

Seu professor de História da Moda, paralelo à docência, fazia um interessante trabalho de consultoria dentro das lojas, que consistia em envolver os consumidores em uma experiência sensorial que estimulava todos os cinco sentidos. Passou, então, a trabalhar com ele, e sua rotina, que incluía estudo e trabalho, começava na hora do almoço, quando levava as crianças para a escola, e terminava por volta da meia-noite quando retornava para casa.

Esse foi um período muito importante para seu desenvolvimento pessoal e de grande aprendizado. Foi quando entendeu como as sensações, principalmente aquelas proporcionadas pelos aromas e olfato, eram um fator importante no marketing, na composição da marca, e uma ferramenta poderosa para as vendas e a fidelização de clientes. Ao mesmo tempo, também observou como, na época, esse ainda era um mercado pouco explorado, e as informações disponíveis para pesquisas eram muito escassas.

Ao concluir a pós-graduação, agora, uma nova mulher com novos sonhos e objetivos, começou a considerar a volta para a Bahia, para perto de sua família. Trabalhar como consultora de moda, sua nova formação, já não era um desejo tão inflamado. Então, precisava buscar um novo rumo profissional que pudesse lhe trazer sustento em sua própria cidade. Mas tinha uma certeza: para o direito ela não voltaria.

O universo dos aromas, com o qual se encantou profundamente, lhe parecia um excelente caminho pelo qual poderia, mais uma vez, recomeçar sua vida. Compartilhava seus planos e desejos com os amigos que fizera no Rio, até que, às vésperas da viagem de retorno à Bahia e já com as malas prontas, ela foi apresentada a um fornecedor de aromatizantes naturais de Teresópolis, região serrana do estado fluminense. Eles, então, marcaram uma conversa rápida antes de sua partida, encontraram-se em um estacionamento e, ali mesmo, apenas abrindo o porta-malas do carro, ela conheceu seus produtos. Decidiu pegar algumas amostras, alguns galões cujo pagamento foi feito com cheques pré-datados, colocou na mala e partiu com os filhos para o aeroporto.

Já em Itabuna e com 3 filhos para criar, a ex-advogada e consultora de moda recém-formada acreditava que a capital Salvador tinha um mercado mais promissor e receptivo para o produto que tinha a oferecer. Com seus aromatizantes de ambiente embaixo do braço, seguia para as ruas soteropolitanas, tornando-se uma vendedora de porta em porta. Continuou encomendando a matéria-prima sempre do mesmo produtor de Teresópolis e, em pouco tempo, transformou-se em sua maior cliente no país.

Foi então que decidiu que já era hora de colocar em prática o que havia aprendido trabalhando com seu professor no Rio de Janeiro, percebendo que o varejo de moda da Bahia já estava preparado para entender e utilizar aquele tipo de produto. Começou a oferecer às lojas consultoria de identidade olfativa para marcas ao mesmo tempo que já orientava sobre o uso e comercializava os aromas.

Um amigo, que viria a se tornar seu sócio, viu em seu trabalho uma oportunidade de crescimento: poderiam se tornar os próprios produtores daqueles aromas. Juntos, fundaram uma empresa que, de uma minúscula fábrica quase artesanal, no interior da Bahia, transformou-se em uma verdadeira indústria do mundo olfativo.

No início, a nova empresa produzia e comercializava apenas aromatizantes de ambiente, o mesmo produto que, anteriormente, ela trazia de Teresópolis e revendia de porta em porta, na capital baiana. A especialização, o reconhecimento e a qualidade dos produtos atraíram a atenção de grandes marcas, que passaram a contar com sua consultoria no desenvolvimento de fragrâncias exclusivas para a identidade de cada uma delas. Sua empresa, então, passou a contar com clientes como Hotel Copacabana Palace, Ellus, Água de Coco, Victor Hugo, H. Stern, Arezzo, Fórum, Colcci, Second Floor, Chevrolet, Peugeot, Teatro Municipal do Rio de Janeiro, entre tantos outros de uma lista que até hoje não para de crescer.

O sucesso da marca começou a criar um novo público e uma nova demanda, obrigando a empresa a dar mais um importante passo em seu crescimento e desenvolvimento. As fragrâncias passaram a ser combinadas com uma variedade de produtos de uso pessoal, como óleos e cremes corporais e faciais, sabonetes, sais de banho, deo colônias e águas refrescantes. Foi criada também uma linha *home care*, e as lojas passaram a ganhar novidades, como incensos, velas, entre outros produtos e acessórios.

Apesar de todo seu entusiasmo ao contar sua história e de seu sorriso fácil e onipresente descrito aqui anteriormente, ela faz questão de destacar que, como todo mundo, até hoje convive com situações nas quais tem medo de errar, mas que depois que a barreira do medo é ultrapassada e a decisão é tomada as coisas se tornam mais fáceis. O importante é aprender com os erros, ter humildade para assumi-los, tentar corrigir sem nunca perder o foco, não deixar de seguir adiante e permanecer atenta a todas as oportunidades.

Sua marca conquistou o olfato dos consumidores ao redor do país e cresceu até se tornar concorrente das maiores redes de perfumaria do Brasil, inclusive das internacionais que aportaram por aqui. Atualmente, mantém o compromisso de desenvolver produtos que traduzam o bem-estar proporcionado pela sintonia com o meio ambiente. Busca na biodiversidade brasileira a inspiração para criar diferentes aromas, desenhando o cenário perfeito para harmonizar corpo, mente e ambiente.

O sucesso atual não a acomodou, pelo contrário, a impulsiona cada vez mais para dar o melhor de si pela sua empresa e também pela própria realização pessoal. E ainda compartilha com quem quiser ouvir um de seus maiores segredos: "Você precisa ser movida pela paixão, pelo prazer e pela satisfação no que se propõe a fazer todos os dias".

Essa é a história de **Mônica Burgos**, *fundadora da Avatim.*

O poder inabalável da fé

Aos 53 anos, é uma mulher de voz doce, maternal e acolhedora. É totalmente possível afirmar que, se alguém não a conhecesse, ao bater um simples papo, não imaginaria que se trata de uma das líderes religiosas mais importantes e admiradas do mundo. É dona de um carisma e força que mantêm multidões atentas enquanto fala. É certo afirmar que é extremamente difícil encontrar quem não a conheça ou nunca tenha ouvido o seu nome. Se alguém não viveu enclausurado em uma caverna nas últimas décadas, com certeza já ouviu ou leu algo sobre ela.

Nascida em um lar cristão, seu dom como uma oradora extraordinária se manifestou cedo. Aos 10 anos, já fazia as pessoas pararem para ouvi-la, encantadas com sua pregação; aos 12 anos, já assumia responsabilidades como dirigente de louvor de sua igreja. E foi lá onde conheceu, ainda adolescente, seu primeiro e único namorado, com quem se casou. Foi pioneira como uma líder religiosa mulher e abriu portas para que outras tivessem a coragem e o espaço para assumir sua vocação em um ambiente tão machista. É totalmente justo afirmar que, depois dela, não apenas em sua própria denominação religiosa, mas em todas as igrejas, as mulheres ganharam mais espaço.

Sua ascensão aos holofotes como uma personalidade inspiradora até mesmo para mulheres de outras religiões teve início em 1986, quando decidiu dedicar-se totalmente ao seu propósito na igreja e abandonou uma carreira como nutricionista. Ao lado de seu marido, começava a estabelecer os fundamentos que deram origem a uma das maiores denominações religiosas do país e que, hoje, conta com 26 anos de história desde sua fundação. Já no início de sua trajetória, era considerada uma das figuras femininas mais importantes do movimento neopentecostal, no Brasil. Formou-se em Teologia e foi a primeira mulher a comandar programas religiosos em cadeias de rádio e televisão, os quais tinham grande audiência.

As reuniões com os primeiros fiéis eram realizadas na sala de estar do casal. Um ano depois, em 1987 o espaço se tornou pequeno demais, e os encontros foram transferidos para o salão de uma pizzaria na vila Madalena, um bairro boêmio de São Paulo. De lá, seguiram para o saguão de um antigo cinema na vila Mariana, o mesmo espaço que futuramente se transformou em sede da igreja que começou a crescer pelo país e chegar aos meios de comunicação. Rádio, televisão e internet se tornavam uma importante ferramenta que crescia cada vez mais no compartilhamento da palavra de Deus.

Em sua trajetória, sempre teve uma conexão muito forte com a música: estudou canto, piano, coral e regência, é pós-graduada em música, toca teclado e acordeom, além de ser compositora e ministra de louvor. Já assinou a composição de mais de 500 canções. Essa conexão veio da infância. Sua mãe sonhava que ela aprendesse piano, então contratou para ela – com 5 anos na época – uma professora particular a fim de que fosse aceita em um conservatório, onde permaneceu até o quinto ano escolar – a formação no instrumento leva cerca de doze anos. Já, o seu sonho, na infância, era tocar violão. Ela comenta que o divertido em sua história com a música é que, no fim, não aprendeu a tocar nenhum desses dois instrumentos – apesar dos anos que se dedicou ao aprendizado do piano.

No início dos anos 1990, ela e seu marido abrigavam em sua própria casa 12 jovens que se recuperavam do vício nas drogas e uma senhora que não tinha onde morar. Certa ocasião, enquanto ela servia o café da manhã que, para aquela senhora, levava ao quarto, ouviu um som. Ela perguntou a todos se também haviam ouvido, mas ela foi a única. Ouvir o que Deus tinha para lhe dizer era um dom. Aquele som foi ficando mais claro, era como uma música, e foi percebendo que se tratava de um coral, tão nítido e completo que era possível identificar as diferentes vozes de barítono, tenor, contralto etc. Desde então, passou a sentir uma grande vontade de cantar; acordava ouvindo aquela música e estava sempre cantarolando e louvando. Foi então que entendeu que se tratava de um chamado; por isso, reuniu jovens da igreja e criou um grupo de louvor que, da ideia inicial de um coral, transformou-se em um dos maiores e mais importantes grupos da música gospel do país, com agenda lotada de shows, diversos CDs lançados e canções que uniam distintos ritmos populares entre os jovens, como rock, pop, samba, rap e sertanejo. Contudo, o objetivo principal sempre era a adoração.

Não é incorreto afirmar que esta líder teve um papel fundamental para que a música gospel alcançasse uma grande notoriedade em todo o país, além de conseguir derrubar barreiras de preconceitos que afastavam os jovens da igreja evangélica. Pelo caminho da música, conseguiam atrair cada vez mais fiéis, levar a palavra de Deus para mais pessoas e expandir sua presença em todo o Brasil, chegando a contar com templos até no exterior.

Não só a sua denominação, mas todas as igrejas pentecostais e neopentecostais começaram a crescer muito no país e as estatísticas comprovavam que a parcela da população que se denominava evangélica só aumentava. No caso dela e de seu marido, em 2002, contavam com cerca de 1.100 templos e, com a grande fama, o casal entrou em um período de provações com ataques e perseguições de todos os lados que envolviam, inclusive, acusações de ilegalidades. Depois de muita dedicação e apoiados na grande fé em Deus que possuíam, em 2012, foram considerados inocentes, por unanimidade, de tudo que haviam sido acusados.

Ainda antes de terem sua inocência comprovada, duas fatalidades contribuíram para testar e comprovar o quão forte era a sua fé e a sua determinação em seguir pelo seu propósito de vida. Em 2009, o prédio que abrigava a sede da igreja – aquele que foi o primeiro lugar onde começaram a reunir os fiéis –, localizado em São Paulo, passou por um sério acidente quando o telhado do imóvel desabou. Esse fato totalmente inesperado e imprevisível acabou deixando mortos e feridos, apesar de, naquele momento, não haver nenhum culto ou atividade no local.

A essa altura, o casal possuía três filhos. Um rapaz e uma garota já eram adultos e bastante atuantes na igreja: a menina seguia os passos da mãe nas apresentações públicas, ministrando cultos e nos meios de comunicação; o menino, por sua vez, atuava nos bastidores da administração de toda aquela gigante estrutura. Completava a família um jovem pré-adolescente, adotado de um orfanato que fazia parte de um conjunto de diversas ações de responsabilidade social que o casal mantinha.

No mesmo ano do incidente em sua sede, quando já começavam a se recuperar emocionalmente e a resgatar a confiança dos fiéis, o primogênito, que era considerado o sucessor natural de seu pai no comando da igreja, precisou passar por uma cirurgia. Durante o procedimento, teve uma parada cardiorrespiratória que, como consequência, causou um edema cerebral, comprometendo totalmente o funcionamento do órgão. A complicação médica colocou seu filho em um estado vegetativo no qual permaneceu por sete anos, vindo a falecer em 2016.

Esses acontecimentos acabaram refletindo na igreja que, quantitativamente, tornou-se menor, porém o casal continuava firme em sua liderança e em nenhum momento pensaram em desistir ou abandonar seu projeto de vida. Ela continuou se apresentando com seu grupo de música gospel nos mais importantes espaços do país, como o Teatro Municipal do Rio de Janeiro, em 2017, e no estádio do Pacaembu, em São Paulo, o qual estava lotado na ocasião. Ainda em 2017, mais um sinal de que o projeto, aos poucos, vem sendo reerguido é o início do processo de digitalização da rede de televisão da congregação.

Além de viajar por todo o país ministrando a palavra de Deus e com as apresentações de seu grupo de música gospel, ao lado de sua filha ainda encontra tempo para liderar o projeto +QV – Mais Que Vencedoras –, que nasceu em 2013 e hoje conta com a participação de mais de 15 mil mulheres do Brasil e do mundo. São realizadas reuniões na nova sede, transmitidas pelo canal de TV e pelas redes sociais, cujo objetivo é empoderar as mulheres para que sejam bem-sucedidas em todas as áreas de sua vida, seguindo os mandamentos de Deus.

A líder religiosa segue seu caminho realizando seu trabalho com a mesma dedicação e entusiasmo de quando era uma jovem sonhadora e recebia, ao lado de seu marido, fiéis em sua própria casa. "Por muitas vezes me faltou o chão, mas não me faltou a palavra, e a palavra me fez andar sobre as águas."

*Essa é a história da **bispa Sônia Hernandes**, fundadora, ao lado de seu marido, da igreja Renascer em Cristo, líder do grupo de música gospel Renascer Praise e do projeto +QV (Mais Que Vencedoras), e apresentadora do programa de TV De Bem Com a Vida, na Rede Gospel.*

Determinação e força de vontade te levam longe

Esta é a história de uma paulistana filha de um advogado e uma funcionária pública. Como acontece em muitas famílias nas quais a profissão é transmitida de geração para geração, foi influenciada pela área de atuação de seu pai e se formou advogada. No entanto, durante sua trajetória iniciou um processo de transição de carreira para a qual, aos poucos, descobria ser o seu verdadeiro propósito de vida. Atualmente, aos 40 anos, é CEO de uma *holding* sediada no interior de São Paulo que comanda outras 17 empresas nos segmentos de varejo, esportes e *real estate*, no Brasil e no exterior.

Ao narrar sua trajetória, faz questão de distanciar-se do conceito da "jornada do herói", pois acredita que encaixar uma história a essa ideia quase mítica pode ser prejudicial, principalmente quando o objetivo é servir de inspiração para alguém. Para ela, o conceito estimula o apego à vitimização e aos fatos considerados como um modelo de superação do passado. Por isso, ela considera muito mais pertinente colocar o foco no futuro, olhar para a frente. E essa é a primeira lição que compartilha com quem busca em sua experiência alguma ajuda ou aprendizado.

Apesar de ter irmãos mais velhos de um casamento anterior de seu pai, sua mãe teve 2 filhos e, dentro de sua unidade familiar, era dela o papel de irmã mais velha. Muito cedo aprendeu a importância do trabalho, da disciplina, do esforço e da dedicação. Sua casa era um ambiente bastante patriarcal, e seu pai mantinha sob sua supervisão o controle de tudo, inclusive do dinheiro. Ele não gastava com nada que não fosse essencial, o que acabou servindo como uma escola e estímulo para que ela buscasse sua independência financeira e, consequentemente, a liberdade das regras rígidas de seu pai. Por isso, começou a trabalhar muito jovem. Aos 16 anos, conseguiu um emprego como vendedora em uma loja de shopping ao mesmo tempo que frequentava o colegial, o ensino médio da época, em uma austera instituição de freiras.

Desde muito cedo, um sonho sempre foi muito claro em sua cabeça: no futuro seria uma mulher bem-sucedida em sua carreira, em sua vida pessoal e financeira. E foi com esse objetivo definido que cada etapa de sua trajetória era estrategicamente traçada. A primeira delas foi sua opção pela carreira de direito, a mesma de seu pai, pois acreditava que poderia contar com a ajuda dele para lhe abrir portas e, assim, acelerar a realização de sua meta.

Ao contrário do que ouvimos de muitas mulheres de sua geração ou anteriores, seus pais sempre a criaram para o mundo. Enquanto outras garotas aprendiam a cozinhar e a bordar, ela aprendia a ter responsabilidades e era cobrada pelos estudos. Nunca sofreu pressão para casar. A preocupação sempre foi com sua formação. E, talvez, esse ambiente familiar tenha sido o responsável pelas suas ideias ousadas para a idade e por construir seus planos e sonhos para o futuro.

Suas decisões sempre foram bastante ponderadas, racionais e maduras para sua idade. Quando chegou o momento de decidir o curso que faria na faculdade, acreditava que, desde que ela fosse uma pessoa esforçada, uma pessoa dedicada, em qualquer área que escolhesse seguir realizaria um bom trabalho. Ainda que sua escolha fosse tomada por influência de seu pai – e não por acreditar, realmente, que era a sua vocação –, ao iniciar o curso de Direito acabou se apaixonando pela área.

Durante seus estudos, a vida lhe reservara um imenso desafio. Enquanto cursava o terceiro ano da faculdade, seu pai veio a falecer. Mesmo que buscasse a independência do pai controlador, tinha nele um porto-seguro, alguém com quem podia contar enquanto construía sua própria história. De repente, deixou de ser apenas uma filha e irmã mais velha da casa e foi alçada a responsabilidade de provedora da família.

A falta do pai levou sua mãe a uma profunda depressão chegando ao ponto de se recusar a se alimentar, como se estivesse desistindo da vida. Consequentemente, esse comportamento ocasionou a manifestação de outras doenças, que a levaram a ser internada. Com apenas 20 anos, a jovem estudante se viu obrigada a encontrar forças para seguir em frente, trazendo com ela a sua família.

Nessa época, já atuava na área como estagiária em uma grande consultoria de negócios, uma multinacional presente no país. Esse trabalho que, inicialmente, era apenas uma porta de entrada para o mercado, passou a ser a fonte de onde teria que pagar sua faculdade e a escola de seu irmão e a colaborar no sustento de sua casa. Teve que assumir as rédeas de tudo: foi até o colégio do caçula para negociar uma bolsa de estudos a fim de que pudesse continuar os estudos; providenciou a internação de sua mãe em depressão profunda; negociou dívidas que se acumularam, como o condomínio de onde moravam. Transformou-se na chefe daquela família.

Todas as adversidades deram a ela mais força, já que não tinha opção a não ser enfrentar os desafios e buscar os meios possíveis para melhorar sua condição financeira. Naquele mesmo ano, foi aprovada em um processo seletivo na empresa em que já atuava como estagiária – no qual disputou uma vaga com 150 candidatos. Passou, então, a atuar como *trainee*, conseguindo, consequentemente, melhorar um pouco o seu rendimento.

Para ela, essa foi uma conquista extremamente importante. Dar esse primeiro passo para a ascensão de sua carreira foi a comprovação de que com esforço e dedicação a realização de seu sonho era possível. Sentiu crescer sua autoconfiança e começou a entender o quão longe uma pessoa poderia chegar. Começou a observar o corpo diretivo da empresa e a desejar, ainda com mais garra, estar ali um dia.

Em sua fase como *trainee*, atuava na área de auditoria. A nova função exigia que visitasse outras empresas e, com isso, passou a conhecer outros ambientes e a observar diretores, presidentes e CEOs. E algo naquele universo começou a conquistá-la e a encantá-la. A partir de então, seu sonho, um tanto genérico – de ser uma mulher bem-sucedida –, começava a tomar forma e um foco mais específico. A partir daquele momento, seu propósito de vida era alcançar a posição de CEO, a qual enxergava como o auge da carreira de um executivo.

Ao concluir o curso de Direito, decidiu passar pela experiência de trabalhar em escritórios de advocacia, mas sempre voltada à área do direito tributário. Cada vez que mantinha contato com as empresas que eram as suas clientes, sua atenção era atraída para as estratégias de gestão. Passou por vários escritórios e foi construindo sua carreira. Iniciou uma segunda graduação em Contabilidade, que cursou por dois anos, já buscando desenvolver as habilidades com foco em seus objetivos na área executiva, até que conseguiu um emprego dentro do departamento jurídico de uma instituição. Acreditava que, dessa forma, estaria mais perto do ambiente corporativo.

Nessa nova fase como gestora do departamento jurídico, ela tinha como meta pessoal conseguir uma transição, sair daquela área e rumar para outras, nas quais pudesse ficar mais perto dos processos e assumir um papel mais importante e estratégico. Começou a estudar bastante, concluiu uma pós-graduação e outros cursos na área de finanças, que sempre considerou a alma de uma empresa.

Um dia conseguiu um emprego, ainda no departamento jurídico, em uma multinacional francesa da área de cosméticos e cuidados pessoais. Lá, mostrava cada vez mais sua curiosidade em aprender, aproximava-se de outros departamentos e de seus colegas, compartilhava suas ideias para o negócio e para as estratégias comerciais, mesmo para outras áreas. Adorava estar envolvida no trabalho mais estratégico.

Em 2012, finalmente surgiu a oportunidade de migrar para uma empresa, onde está até hoje, na qual poderia colocar em prática tudo o que aprendeu nessa trajetória, assumindo o cargo de diretora-geral. E foi lá que, como sempre acreditou, como resultado de seu esforço e sua dedicação, não apenas no trabalho mas em toda a sua trajetória, conseguiu chegar à posição de seus sonhos: atualmente é CEO do grupo, que comanda outras 17 empresas. É de sua responsabilidade avaliar novos investimentos, coordenar fusões e aquisições de novas empresas, integrar novas operações dentro dos padrões de processo, além da gestão da operação de todas elas.

Após obter a realização profissional, era o momento de focar em sua realização pessoal, adiada de forma totalmente consciente, como parte da estratégia para alcançar seus objetivos. A área jurídica sempre foi extremamente machista, e era fato que mulheres que haviam constituído família ainda no início da carreira acabavam perdendo oportunidades para os homens – os quais deixavam a cargo das mulheres o papel de cuidar dos filhos, podendo ficar à disposição do trabalho. Para se adequar àquele universo e ser competitiva, durante a carreira ela fazia questão de expressar que estava sempre disponível para jornadas de doze a catorze horas, podendo inclusive trabalhar em fins de semana e feriados. Além disso, cuidava na escolha das roupas: sempre discretas e muito conservadoras, de modo que não expressassem muito a feminilidade, construindo uma espécie de proteção que fazia as pessoas esquecerem que ela era mulher. No lugar de se deixar abater, buscou ferramentas para contornar a situação e sempre manteve seu propósito acima de qualquer coisa.

Ao assumir o cargo na empresa atual, ela era a única mulher em uma posição de chefia no alto escalão. No entanto, essa instituição cuidava para que seus funcionários, homens e mulheres, tivessem uma boa qualidade de vida, garantindo tempo para a convivência familiar. O ambiente logo se revelou favorável para que ela estabelecesse novas metas. Então, aos 38 anos, após um relacionamento de cinco anos, casou-se e começou a construir a própria família.

Desde o início de seu casamento, tinha o plano de ter um filho. No entanto, ela sentiu os efeitos de ter aguardado tanto tempo para a realização desse sonho. Mesmo após a busca de tratamentos médicos, não conseguiu engravidar. Contudo, como sempre em sua vida, isso não a fez desistir, então optou pela adoção. Hoje, ela tem um lindo bebê ao lado do marido que é, no real sentido da palavra, um verdadeiro companheiro. Ele sempre apoiou as escolhas que ela fez na vida e nunca questionou nenhuma delas.

Sempre teve claro aonde queria chegar e o que queria conquistar. Fez seus planos e não se deixou abater diante dos desafios, pois seu olhar sempre esteve no futuro, lhe dando força e motivação para oferecer o seu melhor no trabalho e no aprendizado. Por isso, quando tem oportunidade, compartilha uma das lições que aprendeu: "Um talentoso preguiçoso não chega a lugar nenhum, já um esforçado não tão talentoso, esse chega lá".

Essa é a história de **Maria Carolina S. de Almeida Marcondes***, CEO da holding Sforza, um* private equity *que controla outras 17 empresas.*

Da estabilidade aos desafios para a realização de um sonho

Entre todas as áreas de trabalho das histórias contadas neste livro, talvez a deste relato seja uma das mais desafiadoras para uma mulher. Aos 46 anos e acumulando 24 de profissão, a dona desta biografia é uma das advogadas criminalistas mais proeminentes do Brasil, com uma carreira construída de forma interessante e dinâmica, que acompanhou suas mudanças de objetivo e a vontade de experimentar diferentes universos. Transitou de uma rotina dentro de presídios, enquanto procuradora do Estado, a importantes escritórios de advocacia, assumindo sua vocação para outro lado da área criminalista.

Formou-se advogada em 1992, pela Faculdade de Direito do Largo de São Francisco, da Universidade de São Paulo. Dois anos depois, foi aprovada em um rigoroso concurso público e processo seletivo, dando início ao seu trabalho na Procuradoria-Geral do Estado de São Paulo, o que a levou para dentro dos presídios paulistas com apenas 24 anos. Entre os lugares que fizeram parte de sua rotina, estavam a Casa de Detenção de São Paulo (o Carandiru), onde trabalhou até a desativação do complexo; a penitenciária de Parelheiros, cujas condições ela considerava ainda piores que as do anterior; e uma casa de detenção que abrigava detentos considerados os mais perigosos em um cotidiano muito rígido. Ela também atendia a famílias pobres com parentes presos em delegacias espalhadas pelo Estado.

Essa experiência do início da carreira, do confronto com uma realidade totalmente diferente da sua, mudou a vida da jovem advogada e transformou a sua cabeça. Passou a entender que o mundo não é dividido de forma tão precisa entre bandidos e pessoas honestas. Esses dois universos se misturam. Então, depois de quatro anos como procuradora, nasceu a vontade de estudar essa dinâmica, de entender como ela poderia ajudar de forma mais efetiva e realmente fazer a diferença com seu trabalho.

Ela optou por cursar um mestrado fora do país e, em 1998, licenciou-se de seu cargo e se mudou para Portugal, onde se formou mestre em Ciências Jurídicas Criminais, Direito Penal e Segurança Pública, pela Faculdade de Direito da Universidade de Coimbra. Essa escolha, contudo, não foi feita de forma fácil nem viveu essa fase de maneira tranquila. Na ocasião, ela já era casada, e a decisão gerou uma grande crise em seu casamento, refletindo em uma desaprovação de toda a família. Como uma mulher já casada vai passar tanto tempo fora sem o marido? Com questionamentos como esse, não teve nenhum tipo de apoio dos próprios familiares.

Mesmo assim, a resistência da família não a desviou de seu propósito. Para ela, seus sonhos e objetivos anteriores já haviam sido alcançados ao se tornar procuradora e ter tão rica experiência dentro dos presídios. Já era hora de abraçar novos planos e metas para sua realização pessoal e profissional.

Durante o período em que permaneceu fora do Brasil, a crise conjugal chegou ao limite, devido à insatisfação do marido, a ponto de ambos tomarem a decisão de colocar um fim no relacionamento. Ela respeitou a posição dele. Contudo, quando retornou ao Brasil após aquele ano de estudos em Portugal, procurou o ex-marido e se esforçou para reatarem a união. Conseguiu, então, salvar o seu casamento.

Retomou, além de seu papel de esposa, seu cargo na procuradoria. Sua vida no Brasil voltou à normalidade. No entanto, havia uma nova ideia plantada em sua mente. Mais madura e preparada, nasceu a vontade de atuar, realmente, como advogada criminalista. Queria ter uma experiência do outro lado da profissão. Enquanto cultivava a ideia, teve uma surpresa: ficou grávida de seu primeiro e único filho.

Quando seu bebê completou 2 anos, resolveu, definitivamente, que era hora de mudar os rumos de sua vida e ir atrás de novas experiências. O relacionamento reatado também já dava sinais de desgaste. Então, decidiu transformar totalmente sua trajetória profissional e pessoal. Comunicou suas decisões à família, que as recebeu em choque. Ela se afastaria em definitivo da procuradoria, solicitando exoneração do cargo público, e se separaria do marido. Esse momento de sua vida a representa bastante; ela pode passar um tempo avaliando uma decisão, mas, quando está certa de suas escolhas, toma atitudes naquele momento, surpreendendo as pessoas à sua volta – algumas vezes positivamente, outras nem tanto, como neste caso, no qual sofreu com críticas e questionamentos de como ela poderia desistir da estabilidade de um emprego público e de um marido com um bebê de apenas dois anos.

Enfrentando a todos, foi em busca de seu novo objetivo de vida e tornou-se sócia de um ex-colega do mestrado em um escritório de advocacia criminal em ascensão. Permaneceu por lá durante oito anos. Durante esse período, aos 32 anos, conheceu um advogado sete anos mais jovem, e se apaixonaram. No início, ela tinha quase certeza de que o relacionamento nunca daria certo, por ele ser mais jovem e ela ter um filho pequeno. Ela, no entanto, foi surpreendida, e a relação entre eles dava cada vez mais certo. Até o dia em que seu namorado resolveu estudar fora do país, e ela se viu do outro lado da situação pela qual passou alguns anos atrás.

Mantiveram o relacionamento pelo período de quase um ano em que ele esteve fora, com viagens para se encontrarem; ao mesmo tempo, ela cuidava sozinha do filho. Quando ele retornou, ela com 35 anos, começou a expor sua vontade de se casar e acabaram indo morar juntos. O casamento, não oficial, durou um período de três anos, quando começou a dar sinais de desgaste; então tomaram a decisão de terminar o relacionamento. No entanto, naquela época seu companheiro já havia construído uma carreira dentro do escritório e também se tornara um dos sócios. A situação no ambiente de trabalho se transformou em uma rotina desagradável, em que ambos misturavam assuntos profissionais e pessoais. Foi quando, mais uma vez, sua característica de tomar decisões radicais se manifestou novamente, e ela decidiu desligar-se da sociedade e daquele trabalho.

A advogada entrou em uma fase muito difícil de sua vida, a qual a deixou emocionalmente abalada, apesar de mostrar a todos o contrário. Era uma mulher que já fora procuradora do Estado, mas estava totalmente sem estabilidade financeira, morando em um apartamento financiado e com um filho para criar.

Aquele era o momento de cuidar de seus problemas, e estava decidida que não entraria em outro relacionamento tão cedo. Como parte de seu processo de recuperação, acompanhou uma amiga em uma viagem à Turquia, por insistência desta. Lá, em um ambiente e cultura totalmente diferentes dos seus, conheceu um alemão que se apaixonou por ela de uma forma intensa. Ela, por sua vez, ainda não correspondia ao sentimento, pois ainda estava abalada com os últimos acontecimentos. Além disso, aquela abordagem repentina a deixou insegura.

No entanto, aos poucos, aquele homem que apareceu de repente em sua vida foi se mostrando totalmente diferente de sua primeira impressão, um verdadeiro cavalheiro. Ele era dois anos mais velho do que ela, separado e tinha três filhas do relacionamento anterior, com as quais ela construiu uma relação muito boa. Uma pessoa extremamente inteligente, de origem humilde e que conseguiu conquistar bastante coisa em sua vida com muito trabalho. Iniciaram, então, um relacionamento que, durante oito meses, foi um verdadeiro conto de fadas. Pareciam uma família de propaganda de televisão. No entanto, durante os três anos posteriores, problemas pessoais dele acabaram interferindo na relação entre os dois, e em 2013 ela decidiu terminar o relacionamento.

Nesse período de transição, entre o final do relacionamento e a separação, ela desenvolveu a doença celíaca, que é a forte intolerância ao glúten. Trata-se de um mal que é genético, mas sua manifestação é muito conectada ao emocional. Até descobrir o motivo do mal-estar que sentia na época, tornou-se uma pessoa constantemente fatigada e engordou 15 quilos. Passou por diversos médicos e, mesmo quando, finalmente, descobriu a causa, durante o tratamento e com a nova alimentação ainda demorou seis meses para que seu corpo e a disposição voltassem ao normal.

Desde que se afastou do escritório do qual era sócia e durante seu último relacionamento, esteve afastada de sua carreira, priorizando sua vida pessoal e sua família, vivendo de suas reservas financeiras, mas que, naquele momento, já estavam se esgotando. Decidiu, então, buscar uma recolocação e rapidamente conseguiu uma posição dentro de um dos maiores bancos privados do país, que buscava um advogado criminalista e estava com dificuldade de encontrar alguém com o perfil para preencher a posição.

Ela permaneceu trabalhando no banco até 2017, quando sua vida já estava totalmente recuperada, as feridas emocionais cicatrizadas, mais experiente e mais forte. Foi quando sentiu que, aos 45 anos, já era hora de retomar seus planos e realizar mais um sonho. Nesse mesmo ano voltou a ser sócia de um escritório de advocacia criminalista, uma empresa ainda extremamente jovem na época em que contou sua história para fazer parte deste livro. Foi um verdadeiro recomeço, e com uma certeza: pelo menos por enquanto, nunca mais se casaria. Ao olhar para trás, ela não se arrepende de suas escolhas profissionais nem de ter desistido de sua carreira pública. "Estabilidade não é sinônimo de segurança, mas sim de medo."

Essa é a história de **Beatriz Rizzo**, *advogada criminalista, sócia do escritório Dias Rizzo Sociedade de Advocacia e ex-procuradora do Estado de São Paulo.*

Todas as oportunidades devem ser consideradas

Quem compartilha sua história, agora, é uma paulistana, quarta filha de cinco irmãs. Ao contar esse detalhe, ela sorri dizendo que o motivo de tantas filhas foi porque seu pai insistia em ter um filho homem, que acabou nunca vindo.

Teve uma infância feliz e bem agitada em uma casa com tantas crianças. O lar era patriarcal, e sua mãe, dona de casa, esteve bastante presente na criação das cinco filhas. No entanto, faz questão de frisar que, apesar de exercer com muito controle o papel de chefe da família, seu pai sempre apoiou muito as filhas para que estudassem e tivessem uma profissão. Ela afirma que, com certeza, ele não esperava que elas fossem donas de casa.

Sua família tinha o comportamento mais moderno, contudo estava inserida na realidade da época. Por isso, ela acredita que suas irmãs mais velhas acabaram sendo empurradas para áreas que, na época, eram consideradas mais femininas – talvez mais pela influência de sua mãe, que tinha um perfil mais maternal, doce e feminino. Então, ao mesmo tempo que seu pai investia na formação das filhas, as encaminhava para cursos considerados mais adequados às mulheres.

A irmã mais velha formou-se secretária, as duas seguintes se tornaram professoras. Quando chegou sua vez, conseguiu desviar desse caminho e optou pela área da comunicação, escolhendo a faculdade de Jornalismo. Atualmente, é diretora de eventos corporativos em um dos maiores grupos de comunicação do país, um conglomerado composto por emissoras de televisão e de rádio, jornais, entre outras empresas do universo da mídia. Já a caçula das cinco irmãs, que também teve um pouco mais de liberdade na decisão de sua carreira, formou-se publicitária.

Enquanto cursava a faculdade na FMU, em São Paulo, ela já buscava uma oportunidade como estagiária. Foi quando uma amiga, que já trabalhava em um canal de TV aberta, se propôs a ajudá-la e a levou para uma entrevista. O objetivo inicial era conseguir uma vaga de estágio, porém, naquele momento, havia apenas uma vaga para produtor de *merchandising*. A função não tinha nenhuma ligação com seu curso na faculdade, porém, sem pensar duas vezes aceitou o emprego e o desafio. Naquele momento, o mais importante era agarrar a oportunidade e conseguir entrar na empresa, uma vez lá dentro, encontraria uma forma de seguir para algo mais alinhado com a carreira que almejava.

Rapidamente aprendeu as peculiaridades da área, mais próxima do departamento comercial do que de uma redação de jornalismo. Contudo, dedicou toda sua energia e vontade na chance que lhe deram. Transitava de um estúdio a outro, entre gravações e transmissões ao vivo, acompanhava programas de auditório que entravam madrugada adentro, mesmo tendo aula no dia seguinte. Sem se deixar abater com essa rotina, depois de três anos na função, teve seu talento reconhecido em uma área que nem ela imaginava e obteve uma promoção para o cargo de coordenadora de merchandising. A partir de então, ela responderia diretamente à direção da emissora.

Apesar da paixão que desenvolveu pelo seu trabalho, ainda existia nela aquela vontade e a memória de seu plano inicial, que era aproveitar a porta que lhe abriram com o objetivo de, um dia, seguir para a redação. Com isso em mente, entrou em uma fase de dúvida sobre o destino de sua carreira. Em sua nova posição como uma das lideranças da emissora, passou a transitar entre os diretores e aproveitou a primeira oportunidade que teve para pedir um estágio, o qual faria em algumas horas no período da manhã fora de seu horário de trabalho, a fim de conhecer e ter uma experiência no departamento de jornalismo. Ela precisava experimentar o outro lado para tomar uma decisão sobre qual caminho deveria seguir.

Entrar na redação dos telejornais era como se tivesse atravessado um portal e se transportado para um mundo completamente diferente. Ali as pessoas eram mais sisudas, e, descrevendo quase em tom de brincadeira, até um pouco mal-humoradas se comparadas às do departamento comercial, onde a rotina era mais descontraída, agitada, tentando conquistar bons negócios e com uma equipe sempre empenhada em tornar o ambiente mais agradável e acolhedor. Então, aos poucos foi entendendo que a sua realização pessoal não estava no jornalismo, mas, sim, na área em que já vinha exercendo com excelência o seu trabalho: no merchandising.

Depois de um ano transitando entre os dois mundos, desistiu em definitivo de seus planos e assumiu verdadeiramente o lugar no qual poderia ser mais útil para a empresa. A partir de então, a vontade de realizar um bom trabalho crescia ainda mais, dessa vez, tendo a certeza de que estava no caminho certo para a construção de sua carreira. Tornou-se cada vez mais presente, mais essencial, e participava cada vez mais das decisões estratégicas. Para isso, sua aproximação com o corpo diretivo era cada vez maior, chegando a desenvolver laços de amizade. Desses laços, nasceu uma paixão por um dos executivos da emissora, e então eles iniciaram um namoro.

Aquele namoro se transformou em um casamento do qual nasceram três filhos. Ela continuou trabalhando após o nascimento do primeiro e do segundo filho. No entanto, durante a terceira gestação, começou a pesar sobre sua consciência a vontade de estar mais presente na criação dos filhos, a exemplo de sua mãe. Naquele momento, com carreira encaminhada, casada e estabilizada financeiramente, decidiu afastar-se do emprego depois de quinze anos de dedicação. Estava ali desde quando aquela jovem estudante entrou pela porta da empresa procurando um estágio e nunca mais havia saído.

A partir de então, assumiu em tempo integral seu novo papel de mãe e dona de casa. O início, para ela, foi uma experiência incrível. Ela podia estar presente na vida dos filhos, assistir a aulas de natação, ajudar nos deveres da escola e acompanhá-los em momentos importantes. No entanto, para uma mulher que levava uma rotina dinâmica de trabalho, por mais que o tempo em casa e com os filhos lhe trouxesse uma grande satisfação, algo faltava em sua vida para que se considerasse uma pessoa realizada.

Por seus filhos, resistiu o quanto pôde à ideia de estar presente; porém, começou a se convencer de que, se ela retornasse ao trabalho e voltasse a se sentir útil e realizada, seria muito mais benéfico ao bem-estar e à qualidade de vida da família do que se ela continuasse em casa o tempo todo. Depois de cinco anos de intervalo da vida profissional dedicados à família, decidiu que era hora de retornar ao trabalho.

Tinha certeza de que em sua antiga casa encontraria as portas abertas e começou sua reaproximação com a emissora de TV na qual trabalhou por quinze anos. Foi recebida na empresa e percebeu que a área de *merchandising* em que trabalhava já contava com uma equipe completa, harmoniosa e que entregava um bom trabalho. Não cogitou manifestar interesse em assumir seu antigo posto que, naquele momento, estava ocupado por outro profissional que demonstrava grande talento. Seu marido, durante todo esse tempo, seguira como executivo do alto escalão e ainda faz parte da família fundadora do grupo. Ela já havia mostrado seu talento e toda sua garra no trabalho pela empresa, então desejava retornar conquistando o mesmo respeito como profissional, e não beneficiada por laços familiares.

Uma coisa era certa: de forma alguma ela pleitearia uma função já ocupada ou tentaria entrar em uma equipe que já funcionava perfeitamente. Então, seu plano passou a ser encontrar outra forma de mostrar que ela poderia colaborar para o desenvolvimento da empresa. Visitou antigos colegas e observou a rotina do trabalho. Um dia, seu marido receberia executivos de um possível anunciante, e ela notou como a recepção não teria nenhum tipo de cuidado especial ou estratégia de encantamento. Perguntou-se como ninguém tinha reparado nisso antes. Ao contrário de outras grandes empresas de diversos segmentos, ali não havia um departamento responsável pela área de eventos. Ter uma boa experiência com uma marca é parte essencial no fechamento de grandes negócios.

Ela elaborou um projeto que estruturava uma área de eventos, demonstrando, por exemplo, que não poderiam utilizar um mesmo serviço de *catering* terceirizado pelas secretárias todas as vezes por já terem criado uma rotina e ser mais fácil. Era necessário fazer uma concorrência de preços, verificar se o contrato estava sendo seguido e qual formato de serviço apresentaria uma melhor sinergia com a experiência que gostariam de proporcionar. Enfim, não precisou de muitos argumentos para que percebessem que o que ela sugeria era essencial para uma empresa de comunicação daquele porte.

A área de eventos foi criada, e ela foi nomeada diretora de eventos corporativos. Assumiu, então, a responsabilidade de elaborar desde pequenos almoços e jantares a gigantescas convenções de emissoras afiliadas e eventos para imprensa, como festas de lançamentos e entrevistas coletivas de novos produtos da casa, incluindo os debates políticos entre candidatos a cargos eletivos – uma tradição bastante consolidada no grupo que, desde sua chegada, consolidou-se ainda mais se transformando em um grande evento, que precisa de muitos cuidados que vão além do estúdio enquanto as luzes e câmeras estão ligadas. Também está sob sua gestão o relacionamento com patrocinadores nos eventos internacionais, implementado por ela na emissora e que transformou totalmente a experiência desses executivos com a empresa, refletindo diretamente na área comercial. A cada edição de eventos, como a Fórmula Indy, a Copa do Mundo e as Olimpíadas, grupos com dezenas de convidados passam a ser sua responsabilidade, desde o primeiro contato para o convite até a hospedagem, a programação nos países-sede e toda a logística de transporte, hospedagem e alimentação.

Ao contrário de outras histórias contadas neste livro, ela acredita que o fato de ser mulher colaborou para seu bom desempenho. Seus interlocutores, homens e mulheres, mostravam-se mais abertos e acessíveis. Por isso, afirma com toda certeza nunca ter encontrado uma situação que possa ter interpretado como machista ou preconceituosa. Contribuiu para isso o fato de ter construído uma história de bons resultados no grupo mesmo com um intervalo de cinco anos. Pessoas com quem trabalhara e vira crescer na carreira ainda estavam lá. Ainda que seu marido faça parte do corpo diretivo, tem a certeza de que nunca foi rotulada como a pessoa que teve a carreira facilitada.

A rotina em uma emissora de TV, tradicionalmente, não tem hora exata para iniciar, em contrapartida, também não tem hora para terminar. Mesmo assim, como uma mágica que só as mães conseguem realizar, ainda encontra tempo para se dedicar à família. Apesar do dia a dia agitado, exatamente como ela previa, retornar ao trabalho a fez sentir-se mais realizada na vida profissional e também na pessoal, e ela consegue conciliar as duas áreas de forma bastante harmoniosa e acredita ter feito um bom trabalho na criação dos filhos. Atualmente, seu filho mais velho, com 27 anos, trabalha em um banco no exterior, sua filha, com 24, também atua em uma instituição bancária no Brasil, e o caçula, com 21, estuda Direito na PUC.

Os filhos seguem áreas totalmente distantes da comunicação, o que não os impediu de trabalhar em uma empresa do ramo. Afinal, são conhecimentos e aptidões essenciais dentro de qualquer empresa, de qualquer área. Contudo, ela conta que todos eles estudaram sabendo que não teriam uma chance em uma empresa por relações familiares. Eles deveriam buscar uma colocação no mercado e acumular experiência por no mínimo cinco anos e, se realmente desenvolverem as habilidades necessárias e forem essenciais ao negócio, poderão pleitear uma posição no grupo que pertence à família, entrando pela porta da frente, conquistando o respeito como profissionais da mesma forma que os pais fizeram. Consideram, este, o maior legado que poderiam deixar a eles.

De sua história, ela recorta a principal lição que trouxe por toda a sua vida. "Ao aparecer uma oportunidade, mesmo que não seja exatamente o que você procura, agarre com unhas e dentes e, uma vez lá dentro, dê o seu melhor para que, então, possa seguir o rumo dos seus sonhos."

Essa é a história de **Rosana Saad**, *diretora de eventos corporativos do Grupo Bandeirantes de Comunicação.*

O talento é maior do que qualquer preconceito

Ela é a caçula de uma família com 3 filhas. Entre elas, havia a diferença de idade de apenas um ano, aproximadamente. O pai médico proporcionou uma infância bastante feliz à personagem desta história. Ela, em sua formação acadêmica, não sofreu influência do pai tampouco decidiu, em um primeiro momento, seguir a carreira dele; por isso, escolheu um caminho diferente, optando pelo curso de administração de empresas. Contudo, acabou sendo levada para o mesmo destino: a área da saúde. Hoje, aos 62 anos, é sócia de seu próprio hospital, que se tornou referência no país em cirurgias minimamente invasivas e em inovação – foi o primeiro hospital privado do Brasil a realizar procedimentos de gastroplastia endoscópica, em 2017.

Desde muito jovem era uma garota bastante independente e praticante de esportes. Credita à suas irmãs a oportunidade de encontrar o caminho mais livre para realizar tudo o que queria, uma liberdade que foi sendo conquistada pelas mais velhas. Apesar dessa conquista, suas irmãs ainda acabaram seguindo uma vida bastante diferente da dela e, como a mãe, ambas se casaram muito cedo e se tornaram donas de casa.

Além de médico, seu pai foi um grande empreendedor. Era, ao lado de seus irmãos, sócio e responsável pelo crescimento e sucesso de um dos mais importantes hospitais privados do país, que ainda existe e fica em São Paulo. Antes de entrar para a faculdade, foi lá que ela teve seu primeiro contato com o mundo do trabalho, uma oportunidade que suas irmãs não tiveram. Uma porta aberta pelo pai e que ela aproveitou com grande dedicação, como aprendizado.

Ao contrário das irmãs, a caçula já mostrava habilidades empreendedoras, aproximando-a mais ao perfil paterno. Quando chegou à idade de seguir para a faculdade, ainda não tinha a certeza de qual era sua verdadeira vocação e a carreira que viria a seguir – mesmo com seu pai médico e tendo uma rotina dentro de um hospital. Então, acabou optando pelo curso de Administração de empresas. Acreditava que, por ser uma área que abrange diversas outras, poderia experimentar coisas novas e encontrar o que realmente lhe tornaria uma mulher realizada no âmbito profissional.

Com quase 20 anos – idade em que, hoje, muitas meninas já estão construindo a carreira no mercado de trabalho – era considerada jovem demais e, por isso e também pelo fato de ser mulher, sofreu muito preconceito e nem sempre era respeitada como profissional. Seu esforço para mostrar sua competência e habilidades e para comprovar que não estava ali apenas por ter sido beneficiada por seu pai não era suficiente. Por isso, ao iniciar os estudos, encontrou uma chance fora do hospital e deu início a um estágio em uma agência de publicidade – um mundo totalmente novo para ela.

Como já era de seu perfil, dedicou-se ao máximo naquela nova oportunidade, o que acabou lhe rendendo um convite para ser efetivamente contratada pela agência. Foi quando ela percebeu que, apesar do preconceito e da resistência sofridos, sua ausência foi sentida no hospital. Ainda assim, anunciou que tinha conseguido o emprego e, definitivamente, se afastaria dos negócios da família na área da saúde. Seu pai, que até então acreditava que ela apenas queria uma experiência profissional fora do hospital e que logo voltaria, começou a perceber que poderia, realmente, perdê-la. Começou, então, a usar algumas estratégias para convencê-la a voltar. Ofereceu a ela um cargo de confiança com um bom salário para alguém de sua idade e uma sala só para ela. A proposta era tentadora e irrecusável. Ela, então, topou e voltou a ser funcionária de seu pai e na área da saúde, da qual nunca mais saiu.

Ao observar o ambiente hospitalar como um todo, notou que 70% do quadro de funcionários era composto por mulheres – número justificado pela presença das enfermeiras, em uma época na qual as profissões eram rotuladas em trabalho de homem e trabalho de mulher, e nessa função os profissionais eram quase todos do sexo feminino. Porém, essa proporção se invertia nos níveis mais altos da hierarquia e nos cargos de gestão. No entanto, quando ela retornou, um dos cargos mais importantes era liderado por uma mulher, uma administradora extremamente talentosa e competente, a qual a jovem teve a sorte de ter como mentora.

Com sua dedicação e uma grande profissional servindo como exemplo, foi alcançando novas posições dentro do hospital e encarando novos desafios, até o dia em que foi nomeada assistente da administração, o que, em outras empresas, seria o equivalente a assistente da diretoria. Sua mentora acabou se afastando do cargo, o qual foi ocupado por outra administradora, que algum tempo depois, também deixou a função para buscar outras oportunidades. No entanto, antes de solicitar seu desligamento, fez questão de alertar à direção que eles não precisavam buscar alguém no mercado, pois havia na equipe uma excelente profissional com todas as condições de administrar o negócio. Ela se referia à dona desta biografia que, em 1998, foi nomeada administradora e se tornou a presidente de um dos maiores hospitais privados do país.

Em seu novo desafio, ela encontrou uma equipe extremamente qualificada com a qual, somada à sua experiência de estar ali desde seus 20 anos, conseguiu realizar uma gestão transformadora. Antes de assumir a função, o hospital havia começado a perder espaço, por causa de novos concorrentes e também das gestões anteriores, cuja visão era um pouco mais engessada. Sob sua liderança começaram diversas mudanças na instituição, desde o pronto-socorro até o centro cirúrgico, do preparo dos colaboradores até a substituição dos equipamentos, que passaram a contar com a tecnologia mais atual da época. Foi um verdadeiro choque de gestão.

Ela conseguiu colocar o hospital de volta na liderança e entre os hospitais de referência do país, e seu trabalho começou a chamar a atenção de todo o mercado, inclusive a da concorrência.

No entanto, apesar dos bons resultados e do reconhecimento que recebeu como gestora, sua trajetória não foi simples. Em vários momentos, precisou se impor e fazer um grande esforço para conquistar respeito e confiança em seu trabalho pelo simples fato de ser mulher. Contudo, afirma que ainda mais difícil era quebrar o preconceito que sofria por ser "filha do dono".

Para evitar quaisquer tipos de questionamentos de sua capacidade por suas relações familiares, ela precisava tomar cuidado a cada mínima atitude tomada. Por exemplo, sempre procurava chegar ao trabalho antes de todos os diretores e ir embora depois, evitando, assim, que fosse acusada de ser beneficiada. Nunca ouviu nada de ninguém que pudesse demonstrar que a enxergavam dessa forma, no entanto, ela mesma se cobrava. E não era apenas uma luta pelo seu reconhecimento como profissional, era a consciência de que ela era responsável pelo negócio no qual estava investido o dinheiro de toda a sua família e pelas 1.500 famílias que dependiam do emprego naquela instituição.

Foi por esse caminho que seguiu por seis anos, até 2004, quando começou a desenvolver a consciência de que seu papel ali já tinha se cumprido e que, para o benefício de seu desenvolvimento profissional, deveria buscar novos desafios e provar que aquele talento pelo qual foi reconhecida realmente lhe pertencia. Queria mostrar para ela mesma que era capaz de fazer a diferença em um ambiente neutro, sem familiares. Sempre foi extremamente exigente consigo e tinha a consciência de que só se sentiria por completo realizada profissionalmente após cumprir essa meta e encarar o desafio. Então, tomou a decisão e pediu seu desligamento do cargo.

Alguns dias depois, recebeu o convite para administrar um pequeno hospital de uma operadora de planos de saúde que atuava apenas com cirurgias plásticas, em São Paulo. A instituição não tinha qualquer reconhecimento no mercado e, realmente, precisava de uma transformação. Era a oportunidade perfeita para colocar seu potencial à prova. Naquele momento, o perfil empreendedor que trazia de seu pai falou mais alto e ela não apenas se tornou administradora, como comprou todo o negócio.

A boa notícia é que, sim, ela era uma excelente gestora e conseguiu elevar aquele pequeno hospital ao patamar de instituição de referência nacional. Optou por transformar a estrutura em um centro especializado em cirurgias minimamente invasivas, investindo nos melhores profissionais e nas mais avançadas tecnologias, por exemplo, no desenvolvimento das unidades de terapia intensiva (UTI).

Hoje, é uma empresária respeitada em todo o país, não apenas no segmento da saúde. Somente agora consegue desfrutar de pequenos luxos, como sair para almoçar, os quais evitava em prol de manter a imagem de boa profissional e afastar o rótulo de "filha do dono". E desde que encarou esse novo desafio se considera uma nova pessoa totalmente diferente da que foi até 2004. "A melhor forma de evitar o preconceito e comprovar seu potencial é trabalhar com ética, transparência, capacitação e eficiência. Você vai alcançar os bons resultados almejados e, consequentemente, a realização profissional, pessoal e uma autoestima elevada."

*Essa é a história de **May Ganme Cividames**, diretora e fundadora do Hospital Saha.*

A força que te leva do nada ao tudo

Nascida em Guarapuava, uma minúscula cidade no interior de Minas Gerais, passou sua infância e início da adolescência em Brasília, para onde sua mãe partiu em um pau-de-arara em busca de melhores condições de vida. Era início de 1960, época em que a novíssima capital do país era uma cidade promissora e a esperança de muitos brasileiros que partiram para o Centro-Oeste do país em busca de trabalho.

Assim começou a história de uma das mais importantes empresárias do entretenimento de São Paulo. Uma mulher que também já foi atriz, cantora e apresentadora de TV, funções que ainda fazem parte de seu currículo, porém que ficaram ofuscadas diante de sua extensa lista de realizações como empreendedora da noite paulistana. É presidente de um grupo que, hoje, conta com mais de 10 empreendimentos entre casas de show, bares, restaurantes, karaokê e estacionamentos.

Contudo, inquieta que é, é bem possível que, quando a leitora estiver com este livro em mãos, já tenha concebido novos empreendimentos, novas ideias, novos formatos. Esse perfil lhe rendeu o título de "Rainha da Noite".

Com esse breve panorama, sua trajetória já pode ser considerada bastante agitada, porém ainda há mais um detalhe importante que marca sua história. Ela é filha de um cantor que foi um dos maiores vendedores de discos do Brasil e que conheceu sua mãe em uma aventura. Uma ligação de sangue que ela escondeu de todos até completar 21 anos, inclusive do pai famoso.

Em 1969, por volta dos 14 anos participou do concurso Miss Brasília mentindo sua idade, na inscrição alegava ter 20. Porém, na ocasião, sua mãe, uma cozinheira humilde, acompanhada de seus irmãos, interrompeu o evento aos gritos de que havia uma garota menor de idade no palco. O ocorrido foi o sinal de que, para ela, a vida que levava era algo pequeno e que precisava ir atrás de seus sonhos. Havia ganhado algum dinheiro nas participações em eventos ligados ao concurso de miss, e foi com ele que deixou tudo para trás e embarcou para São Paulo em um ônibus.

Na agitada capital paulista, o primeiro impacto foi um susto. Não estava acostumada com uma metrópole gigantesca, com toda aquela multidão nas ruas e com a quantidade de prédios. A primeira emoção que sentiu foi tristeza, pois a selva de pedra tem essa atmosfera que irradia solidão, porém, nada disso causou nela medo ou arrependimento. Saiu caminhando pelo centro da cidade com apenas uma sacola plástica na mão, na qual cabiam todos os seus pertences, e viu um restaurante onde trabalhavam meninas como garçonete. Com a coragem, que é sua grande característica, entrou, pediu emprego e disse que gostaria de começar a trabalhar naquele dia, naquele momento. Ela não sabe se pelo seu ímpeto e sua força de vontade evidentes ou se realmente estavam precisando de ajuda, minutos depois já servia as mesas.

No término do dia, recebeu elogios pelo seu trabalho e combinou de retornar no dia seguinte bem cedo. Naquela primeira noite, não tinha onde dormir e acabou se acomodando, perto dali, embaixo da marquise de uma casa, na calçada. Na manhã seguinte, ela acordou sendo expulsa por uma senhora que abriu a porta onde estava encostada. Então, ela percebeu que a pessoa que gritava com ela segurava um balde e uma vassoura. Ela tomou os utensílios para ela e começou a realizar o trabalho, quase como um pedido de desculpas por ter usado sua porta para passar a noite. Mais uma vez, sua força e vontade para o trabalho chamaram atenção e, para sua sorte, aquele imóvel era um pensionato. A mulher, que há pouco lhe enxotava, ofereceu-lhe acomodação pela qual poderia pagar depois. Em menos de 24 horas em São Paulo, o problema com a falta de emprego e de moradia estava resolvido.

As duas mãos que lhe foram estendidas eram o suporte mínimo de que precisava para seguir adiante convencida de que havia tomado a decisão certa, e agora tudo dependia apenas dela. Permaneceu trabalhando no restaurante, e conseguiu um segundo emprego, o qual trabalhava à noite também como garçonete em um cinema *drive-in*, comuns na época; aos fins de semana distribuía folhetos de venda de imóveis nos faróis e, ainda, entre uma coisa e outra, vendia cosméticos de catálogo para suas colegas. Trabalho não lhe assustava; sua mente estava sempre pensando à frente, em realizar seus sonhos de ter dinheiro e ser uma pessoa admirada.

Sempre rápida, sorridente e eficiente, ela recebia boas caixinhas. Como não tinha tempo para gastar, conseguiu juntar uma pequena quantia de dinheiro. Certo dia, viu um anúncio da venda de um minúsculo bar ali próximo, na mesma rua do pensionato onde morava. Ela abordou o dono do bar que não lhe deu atenção, já que ela era apenas uma adolescente, com 15 anos recém-completados. Após dias de insistência, ele finalmente resolveu dar ouvidos ao que ela tinha a dizer e, com seu talento precoce de negociante e empreendedora, conseguiu convencê-lo a aceitar sua proposta que consistia em dar como entrada todas as suas economias e parcelar o restante em pouco mais de 70 mensalidades.

Em pouco tempo, trabalhando dia e noite, aquela pequena portinha começou a ter um movimento gigantesco. Um sorriso, bom atendimento, música e cerveja sempre muito gelada se mostraram uma fórmula mágica para ver o dinheiro entrar. Nesse período, ainda aos 15 anos, namorando um garçom da região, acabou engravidando de sua primeira filha. Então, decidiram se casar. O casamento durou quinze anos e gerou um segundo filho, cinco anos após a primeira.

Ainda adolescente, casada e com uma filha para criar. Mais uma vez, não se acomodou nem se acovardou diante das dificuldades, pelo contrário, sentia-se mais motivada. Aos 17 anos, uma certeza ela tinha: precisava ganhar mais dinheiro; no entanto, a pequena estrutura de seu bar não comportava mais movimento, não havia forma de crescer. Foi quando encontrou um novo ponto, também pequeno, porém mais espaçoso que o anterior. Ele ficava na mesma rua em que ela construiria o seu império, mesmo que ainda não soubesse disso nem sonhasse tão alto.

Em 1972, ela abriu as portas do novo bar. Sua experiência com aquele tipo de trabalho contava com pouco mais de três anos, contudo, o suficiente para entender o que atraía e agradava um cliente. Não tardou para o novo endereço ganhar um movimento gigantesco e, dessa vez, não estava sozinha, havia contratado outras garçonetes para ajudá-la. O lugar fez fama na cidade e começou a atrair artistas famosos, jogadores de futebol, empresários e membros da alta sociedade que viravam a noite ouvindo música ao vivo em seu interior ou nas mesas espalhadas na calçada. Foi quando começou a construir amizades com as celebridades e com empresários do entretenimento.

Seu sucesso não passou despercebido. Um grupo de empresários tradicionais da noite, formado totalmente por homens, não aceitava que uma mulher tão jovem ocupasse o espaço deles. Tentaram de tudo, como boicotes com fornecedores e até denúncias caluniosas, mas que nunca a derrubaram ou abalaram-na, pelo contrário, fortaleceram-na, já que sempre foi muito rigorosa e disciplinada.

Passados três anos, mais uma vez sentiu a necessidade de ter um local mais espaçoso. Ela sabia que cada mesa e cada cadeira a mais representavam mais lucro. Ao mesmo tempo, com grandes amizades no meio artístico, nascia a vontade de ter um lugar mais adequado para que os grandes cantores que se tornaram seus amigos pudessem se apresentar, que estivesse à altura de sua popularidade e talento. Dessa vez, não se mudou para um novo espaço, e sim inaugurou um novo negócio na mesma rua.

Certa ocasião, um empresário de gravadora que frequentava o local a ouviu cantar de brincadeira com os clientes do bar, abordou-a e disse que ela deveria gravar um disco. No dia seguinte, ainda muito desconfiada, ela foi encontrá-lo em seu escritório e saiu de lá com um contrato assinado. De cantora, conseguiu alguns papéis como atriz e chegou a se tornar apresentadora de programas de auditório na TV em duas emissoras.

Ela sempre soube quem era o seu pai. Mas até então, não havia revelado seu nome pela preocupação de ser considerada uma aproveitadora tentando tirar algo dele. Nessa época, aos 21 anos, alguns amigos próximos do meio artístico, para os quais havia aberto seus segredos, começaram a pressioná-la para contar a seu pai que ela era sua filha, pois já era uma mulher bem-sucedida e não precisaria dele para nada além do amor paterno e ainda o deixaria orgulhoso de seu sucesso. Mesmo ainda não concordando, os amigos armaram uma situação: organizaram uma apresentação de seu pai, um cantor de grande fama, em seu bar e, ainda, revelaram a ele, ainda sem seu consentimento, o seu segredo.

Liberta daquele peso, aos poucos foi se desligando da carreira artística e se dedicando à carreira de empresária. De 2 casas, passou a ter 3. Quando a proposta de uma delas começava a não fazer tanto sucesso, abria outra com estilo totalmente diferente no mesmo endereço. De 3, passou a ter 4, 5... Hoje, naquela mesma rua, na região central da cidade e próxima ao colégio e Universidade Mackenzie, de uma esquina a outra de um quarteirão, encontra-se um verdadeiro império do entretenimento com bares, restaurantes, casas de show e karaokê. Uma quadra que foi transformada em um ponto turístico, inclusive com uma butique própria aberta durante à noite no mesmo horário dos bares que, além de roupas e acessórios, vende souvenirs aos turistas. Além de tudo isso, ainda é proprietária de alguns estacionamentos que atendem aos clientes de seus estabelecimentos.

Há décadas, recebe diariamente mensagens e telefonemas de pessoas em busca de orientações para empreender ou salvarem seus negócios. Todas as noites, circula por suas casas cumprimentando os clientes, sempre com um sorriso no rosto, parando para tirar fotos com eles. Somente agora, aos 70 anos, mesmo esbanjando energia e vitalidade invejável, começa a pensar em descansar um pouco. Mas não passa por sua cabeça a aposentadoria, apenas quer tirar alguns dias para viajar e cuidar dela mesma.

Ao narrar sua história cheia de grandes conquistas, que já estampou inúmeras páginas de jornais e revistas e lhe rendeu participações em programas de TV, a empresária é sempre questionada do quanto foi difícil e como deve ter encontrado desafios em seu caminho que, inclusive, abriu portas para muitas outras mulheres empreenderem na noite sem serem rotuladas das piores formas possíveis, como aconteceu com ela. Porém, ela se recusa a comentar em detalhes os problemas e as barreiras que teve que enfrentar, e a explicação do motivo disso está na ponta da língua e é uma de suas mais importantes lições. "Escondo ao máximo as minhas tristezas, que foram muitas; no entanto, faço um grande estardalhaço de todas as minhas alegrias."

Essa é a história de **Lilian Gonçalves**, *empresária e proprietária do Grupo Biroska, um complexo composto por bares, casas de show, restaurantes, karaokê, butique e rede de estacionamentos.*

Os desafios não vão desviá-la de seu propósito

A memória mais remota que tem de sua infância é de uma certeza: seu sonho era ser médica, e sobre isso jamais pairou nenhum tipo de dúvida, até que o sonho fosse realizado. Ela não apenas se formou médica como seguiu a carreira acadêmica e foi professora em uma universidade, auxiliando na formação de outros médicos. Hoje, aos 71 anos, é uma respeitada gastroenterologista e hepatologista que enfrentou incontáveis barreiras por ser mulher e ter que disputar seu espaço em uma época em que a medicina era um ambiente extremamente masculino.

Ainda muito jovem aprendeu que, para alcançar seu objetivo final, os desafios deveriam ser superados com um passo de cada vez. Morava em uma cidade muito pequena, no interior de Goiás, na qual nem havia escolas onde pudesse concluir, ao menos, o ensino médio que, na época, ainda era chamado de colegial.

Sem ele, a entrada na faculdade seria impossível e, consequentemente, seu sonho de se tornar médica também.

Pertencia a uma família muito humilde e enfrentava muitos problemas dentro de casa, inclusive na convivência com seu pai. Mesmo assim, buscou uma escola em uma cidade um pouco maior até conseguir seu diploma que a habilitaria a prestar o vestibular da Universidade Federal de Goiás (UFG). Uma instituição pública seria sua única opção, pois não havia possibilidade de conseguir pagar as altíssimas mensalidades do curso de Medicina em uma universidade privada. Ela estudou sozinha, conseguiu sua vaga na primeira tentativa e se mudou para Goiânia.

A alegria de estar cada vez mais perto da realização de seu sonho dividia espaço em seus pensamentos com as preocupações com sua família. A distância não retirou de suas costas a responsabilidade de contribuir financeiramente em casa, onde ainda moravam seus pais e dois irmãos mais jovens. Viveu um período bastante difícil, mas que nunca a abalou ou a desviou de seu propósito. Mesmo com todas as dificuldades foi concluindo cada etapa da universidade até que, no último ano, conseguiu um internato – última etapa da graduação de Medicina, durante a qual se inicia a prática clínica, e é considerada, comparada a outras áreas de estudo, o estágio do estudante de Medicina – em São Paulo, no Hospital do Servidor Público Estadual, no qual foi aprovada em primeiro lugar.

Sempre teve a consciência de que, para conseguir seu espaço na disputa com os homens, ela precisaria entregar sempre o seu melhor, buscar sempre o seu limite e, às vezes, ultrapassá-lo. Ser apenas boa não era o suficiente. Seu desempenho mínimo tinha que ser igual ao máximo dos homens.

Durante seu internato, era a única de sua turma que tinha um emprego fora, até porque isso era contra as regras da instituição. Contudo, ela não tinha escolha, já que continuava exercendo a distância o seu papel de provedora da família. Mesmo assim, afirma que foi o ano no qual mais aprendeu. Ao término dessa fase, um ano depois, tentou retornar para Goiás para ficar próxima de sua família, mas, depois de sua experiência em São Paulo, via que por lá as oportunidades eram muito pequenas, ao passo que a vontade de fazer sua residência e concluir o ciclo inicial de sua formação só crescia. Alguns meses depois prestou um concurso público para trabalhar na própria universidade em que havia estudado. Mesmo aprovada, por questões burocráticas da instituição, acabaram não contratando ninguém daquela seleção. Para ela, isso foi o sinal definitivo de que ali não poderia ficar se quisesse se desenvolver profissionalmente, e seu objetivo passou a ser voltar para São Paulo.

Sempre extremamente dedicada e convicta em suas decisões, em 1971, realizou a prova para residência médica no Hospital das Clínicas da Faculdade de

Medicina da Universidade de São Paulo. Foi aprovada e, por isso, precisava retornar à capital paulista. No entanto, por ter ficado um período parada em busca de emprego não tinha recursos para realizar a viagem, a qual só foi possível graças a um dinheiro emprestado por um professor de quem foi aluna na UFG, a fim de que não perdesse essa oportunidade.

Mesmo a residência médica do Hospital das Clínicas exigindo uma dedicação extrema dos futuros médicos e, naquela época, ainda mais das mulheres, seu período por lá tinha uma enorme vantagem sobre a difícil fase de internato. Agora, ela possuía um rendimento e ainda podia realizar plantões fora da carga horária obrigatória do curso, pois continuava a sustentar sozinha sua família.

Durante esse período, a área de terapia intensiva começou a atraí-la – isso em uma época em que os conceitos e protocolos da terapia intensiva ainda estavam sendo concebidos. Ela acreditava que esse seria o caminho pelo qual seguiria sua especialização. Contudo, no último ano, um de seus professores, um médico bastante respeitado em sua área de atuação, convidou-a para trabalhar com ele em seu departamento. A partir de então, ela começou a dedicar-se à terapia intensiva em hepatologia, especialização da medicina no tratamento de doenças do fígado.

A partir daquele convite foi construída uma parceria de trabalho, dentro do Hospital das Clínicas, que durou catorze anos. Durante esse tempo, a ex-estudante e arrimo de família já era uma médica formada, mas nunca interrompeu o seu desenvolvimento pessoal e investiu na formação acadêmica concluindo um mestrado em cirurgia do aparelho digestivo, na primeira turma dessa especialidade aberta, concluído em 1980, e um doutorado em cirurgia, concluído em 1991, ambos pela Faculdade de Medicina da Universidade de São Paulo (FMUSP).

Na mesma faculdade, realizou um concurso público para se tornar professora. Novamente, foi aprovada na primeira tentativa e começou a dar aulas para estudantes de medicina do terceiro e do quinto anos. Nessa atividade, permaneceu por dezessete anos. Quando acreditava que lecionar já não lhe motivava profissionalmente como antes, decidiu desligar-se da função. A partir de então, passou a buscar novas experiências, como o atendimento em clínica e hospitais privados, como o Hospital Nove de Julho, no qual começou a trabalhar em 1992 e permanece até hoje atuando em hepatologia, sua especialidade. Uma área muito difícil, a qual poucos profissionais optam por seguir e na qual cada paciente é um desafio novo e diferente.

Ao conhecer até aqui sua história, pode parecer que sua vida inteira foi dedicada apenas aos estudos e ao trabalho. Contudo, fora daquele ambiente, vivia uma vida comum, exceto pelos horários malucos da rotina de um médico. No intervalo entre seu mestrado e seu doutorado, em 1985, casou-se com um italiano que seguia uma carreira totalmente diferente da sua – ele atuava no ramo industrial –, e dessa relação nasceram 2 filhos.

Diferente do que acontece em muitas famílias de médicos, em que a medicina é quase um gene transmitido de pai para filho, em sua casa a tradição não se cumpriu. Para seus filhos, a área da saúde nunca foi uma opção de carreira, talvez pela convivência com a mãe e pelas escolhas que ela fez na vida. Na área acadêmica, os salários não costumam ser os melhores do setor; então ter dois empregos e horários complicados torna difícil, por exemplo, planejar fins de semana. Essas situações fizeram os filhos seguir caminhos totalmente distintos, optando por administração de empresas e direito.

No entanto, essa imagem que seus filhos construíram a respeito de sua carreira como médica não traz a ela nenhum arrependimento de suas escolhas, que a faria fazer diferente caso pudesse voltar no tempo. Pelo contrário, continua com sua fome pelo conhecimento, seu desenvolvimento como profissional e em busca de atualização de novas tecnologias e descobertas científicas, além de buscar novas formações em outras áreas. No início da década de 2000, decidiu se aprofundar em nutrologia.

A vontade de buscar esse novo conhecimento nasceu da necessidade e da dificuldade de se desenvolver um plano alimentar para um paciente doente do fígado. Há cerca de quinze anos deu início a um trabalho de pesquisa, frequentou congressos e começou a aplicar seu conhecimento em outros pacientes, e não apenas dentro da hepatologia. Foi responsável por desenvolver e liderar o primeiro grupo especializado em nutrologia dentro do Hospital Nove de Julho que, atualmente, caminha sozinho a todo vapor.

Ainda hoje, anualmente participa de congressos na Europa. Durante a entrevista para a redação desta história, contou orgulhosa que, em certa ocasião, enquanto estava estudando os *insights* de um congresso de nutrologia realizado nos Estados Unidos uma semana antes, encontrou a palestra de uma prática apresentada como totalmente inédita e inovadora, porém, ela já adota essa prática no hospital há um ano. "O segredo do sucesso profissional é não parar nunca de estudar e de se aperfeiçoar. E quando a pessoa faz o que gosta, vê que está no caminho da realização de seu sonho, e o estudo se torna prazeroso."

Essa é a história da **dra. Maria de Lourdes Capacci**, *médica gastroenterologista, hepatologista e especializada em terapia intensiva do Hospital Nove de Julho.*

Uma vida dedicada ao empoderamento das mulheres

Você vai conhecer uma mulher que dedica sua vida pessoal e profissional a projetos de empoderamento feminino e ao combate e repreensão de qualquer tipo de violência contra a mulher. Ela é promotora de justiça do Ministério Público do Estado de São Paulo, e, aos 43 anos, soma uma série de ações sociais das quais participa – que se fossem todas listadas aqui ocupariam dezenas, talvez uma centena, de páginas deste livro. É membro de diversos grupos, comissões e associações, além de colocar em prática seus próprios programas de apoio. O reconhecimento da importância de seu trabalho já lhe rendeu 6 prêmios.

Filha de uma advogada, ainda criança tinha sua mãe como inspiração e já se imaginava seguindo a mesma profissão. Contudo, foi com a avó, um grande modelo à frente de seu tempo, mesmo vindo de uma geração na qual as mulheres eram criadas para serem submissas, que aprendeu a não deixar de conquistar nada em sua vida pelo fato de ser mulher. Também foi dela que ouviu pela primeira vez que não deveria apenas ser advogada, mas promotora de justiça, o que acabou se tornando um sonho para sua avó e também para ela.

Cresceu uma jovem consciente de que, como promotora, teria a chance de defender os direitos das mulheres. Exemplos e estímulo para isso não lhe faltavam, já que sua avó, sua mãe e sua irmã eram mulheres fortes, guerreiras e bastante ativas nessa causa.

Para seguir por esse caminho, sabia que o primeiro passo seria estudar. Em 1994, iniciou o curso de Direito na Pontifícia Universidade Católica de São Paulo (PUC-SP). Durante a faculdade, ela iniciou um estágio no escritório de advocacia de sua mãe, que era especializada em direito da família, e naquela rotina já começava a se apropriar da missão de ajudar mulheres que sofriam violência psicológica com a separação. Parte de suas atribuições consistia em visitas ao fórum e despachar com juízes, ocasiões em que observava o trabalho dos promotores de justiça – que a faziam lembrar-se do que sua avó dizia e do sonho que compartilhavam. Pensava que realmente gostaria de estar ali e ser como eles ou, como faz questão de se corrigir ao contar esta história, "como elas".

Em 1999, concluiu a faculdade e formou-se bacharel em Direito, tomando uma decisão: iria dar uma pausa em tudo em sua vida, trabalho e vida social, para se dedicar unicamente ao seu propósito. Durante quatro anos, sua rotina limitou-se aos estudos, catorze horas por dia, de segunda a segunda. Foi um esforço bastante árduo, mas não foi em vão. Em 2003, foi aprovada no concurso público em segundo lugar e se tornou promotora de justiça do Ministério Público do Estado de São Paulo.

Desde seus primeiros meses como promotora, algo já chamava a sua atenção, um detalhe que observava desde que começou a estudar, ainda na faculdade, e agora podia comprovar. Não havia uma legislação específica para a defesa dos direitos da mulher, que era totalmente banalizada. Passou, então, a se interessar ainda mais pelo tema e a acompanhar de perto o andamento e a evolução da Lei Maria da Penha, que, naquela época, ainda era apenas um projeto. Começou a estudar a história do feminismo, a evolução dos direitos das mulheres, aproximou-se de feministas, ativistas, pesquisadoras, e foi reconhecendo-se cada vez mais como mulher e se descobrindo uma feminista.

Em 2008, uma promoção em seu trabalho no Ministério Público a levou à cidade de Embu-Guaçu, um município da região metropolitana de São Paulo. Foi lá que conseguiu iniciar seu primeiro trabalho especializado na questão da violência doméstica. Com o passar do tempo, observou que já realizara vários projetos que buscavam a autonomia e o empoderamento das mulheres, no entanto, os resultados não mostravam uma redução na violência contra a mulher. Foi quando ela teve um *insight*: deveria criar um canal que impactasse os homens, os autores da violência, e encontrar meios para desconstruir o machismo, que era a verdadeira causa do problema.

O contato mais próximo, dessa vez, com os homens trouxe descobertas reveladoras e preocupantes. Ela pôde verificar, por exemplo que, para muitos deles, o controle excessivo, os xingamentos e o sexo forçado dentro do casamento não eram considerados atos de violência. Começou a se inquietar com o que havia por trás da vida de cada participante, quais eram os seus dramas no dia a dia e seu histórico familiar. Desenvolveu, então, um projeto pioneiro, Tempo de Despertar, que, além da desconstrução do machismo e da conscientização de sua responsabilidade na violência, também atuava para a inserção dos companheiros dessas mulheres no mercado de trabalho, oferecendo também acompanhamento psicológico, psiquiátrico e tratamentos contra drogas e álcool. Dessa vez conseguiu verificar um resultado efetivo: a reincidência desses homens, que era de 65%, caiu para apenas 1%.

Em 2015, foi vencedora da Medalha Ruth Cardoso e da Medalha Laurita Ortega Mari. No mesmo ano, foi reconhecida pela revista *Marie Claire* como uma das 24 Mulheres que Fazem a Diferença e pelo site Think Olga como uma das mulheres mais influentes no tema Empoderamento da Mulher. Em 2017, foi premiada como

Mulher do Ano, em São Paulo, e recebeu o Prêmio Carlota Pereira de Queirós 2017, indicada pela Deputada Federal Keilo Ota. Ainda nesse ano, foi agraciada com a Medalha do Mérito Comunitário da Polícia Militar do Estado de São Paulo.

Graças ao seu trabalho, tornou-se uma palestrante com agenda disputada. Já se apresentou em mais de 2 mil eventos em empresas, conferências, mesas redondas, entrevistas, debates, coletivos feministas, escolas, faculdades, instituições públicas, privadas e terceiro setor. Em duas ocasiões, liderou palestras no TEDx São Paulo, cujos temas foram Violência contra a Mulher e Mulheres que Inspiram por meio do Esporte. Além disso, já capacitou mais de mil profissionais que atuam na rede de proteção e enfrentamento à violência contra a mulher e se aproximou dos movimentos sociais de defesa dos direitos das mulheres. Participou da audiência pública no Senado Federal para discutir as formas de combate ao assédio contra a mulher no ambiente corporativo. E, em 2017, teve sua tese "Projeto Tempo de Despertar" aprovada por unanimidade pelo XXII Congresso Nacional do Ministério Público.

Além do pioneiro Tempo de Despertar, um curso com foco na ressocialização do autor de violência contra a mulher, já citado nesta biografia, é idealizadora de diversos outros projetos importantes para o tema, como o Movimento pela Mulher, que apresenta a corrida, da qual também é praticante, como meio de empoderamento e resgate da autoestima da mulher. Além do Educa-Ação, voltado para adolescentes e professores, e a Maria Linda, para capacitação e empoderamento das mulheres.

Como autora, participou dos livros *Empreendedoras de alta performance* e *Mulheres de alto impacto*, para os quais colaborou com a autoria de capítulos que mostram que o serviço público também conta com estratégias, projetos e objetivos, distantes da burocracia culturalmente associada às instituições governamentais. Também já assinou vários artigos em publicações, como a revista *Marie Claire*, os jornais *Folha de S. Paulo* e *Estadão*, além dos portais Catraca Livre e Huffington Post.

Atualmente, acumula mais de vinte anos de trabalhos dedicados à defesa dos direitos da mulher. É uma das vozes mais atuantes neste tema no Brasil. Já coordenou por seis anos o Núcleo de Combate à Violência Doméstica e Familiar Contra a Mulher da Região da Grande São Paulo II e, hoje, faz parte do Grupo de Atuação Especial de Enfrentamento à Violência Doméstica do Ministério Público do Estado de São Paulo (GEVID), é diretora da Mulher da Associação Paulista do Ministério Público (APM), é membro da Comissão Nacional dos Promotores de Justiça que atuam no combate à violência doméstica e familiar contra a mulher do Grupo Nacional dos Direitos Humanos (COPEVID), é representante do Ministério Público do

Estado de São Paulo junto à Coordenadoria Estadual da Mulher em Situação de Violência Doméstica e Familiar do Poder Judiciário de São Paulo (COMESP), e membro do grupo Mulheres do Brasil e da Campanha Compromisso e Atitude, representando o Ministério Público do Estado de São Paulo.

Mantém o site Justiça de Saia (www.justicadesaia.com.br) e seus respectivos canais nas redes sociais, nos quais compartilha projetos e iniciativas que visam o empoderamento feminino por meio da informação, da autonomia e da igualdade de direitos, além de incentivar a qualidade de vida por meio do esporte. "Acredito que esse projeto deu voz para as mulheres, então a receptividade da população é uma esperança de ver o fim da submissão, da falta de autonomia da vítima, e de abrir portas em todos os setores da vida."

*Essa é a história de **Maria Gabriela Prado Manssur**, promotora de justiça do Ministério Público do Estado de São Paulo e idealizadora do portal Justiça de Saia.*

A liderança feminina pode ser transformadora

Aos 62 anos, a história que essa mulher construiu é carregada de superação e de lutas que levaram a fundar uma das marcas mais desejadas por homens e mulheres do país que não se importam em pagar algumas centenas de reais por uma de suas camisas. Ela transformou a peça em um ícone do vestuário brasileiro, conquistou o mercado internacional e foi reconhecida pela revista *Forbes*, em 2013, como a sexta mulher mais poderosa do país. É casada, mãe de 3 filhas enteadas e avó de 6 netos que são a paixão de sua vida.

Nasceu na pequena cidade de Luiz Alves, no interior de Santa Catarina, em uma família composta de um casal e 16 filhos. A dona desta biografia é a filha número 6. Seus pais sustentavam a casa com o ganho de uma pequena loja de secos e molhados que funcionava no andar de baixo da casa onde moravam. Ela se recorda que o pai gostava muito de escrever poesias e, com pouco dinheiro, os presentes que dava aos filhos era sempre algo que ele mesmo escrevia. Ele era o lado mais emotivo do casal. Sua mãe tinha um perfil mais racional e foi dela que herdou seu dom para o empreendedorismo.

Para abastecer a loja, seus pais iam a São Paulo para comprar mercadorias, e foi por um erro de cálculo em uma dessas viagens que o futuro da família e dos negócios foi definido. Seu pai comprou uma quantidade de tecido muito maior do que precisavam ou tinham capacidade de comercializar. Aquilo significava que teriam um grande prejuízo. Contudo, o dom para o empreendedorismo da matriarca daquela família foi determinante. Decidida, sua mãe estava em busca de uma solução quando teve uma ideia, ao observar uma das peças que vendia – uma camisa que comprava pronta para revenda. Pegou a peça, descosturou-a, estudando cada detalhe de como ela era modelada e costurada. Então, contratou duas costureiras e encontrou um destino para toda aquela matéria-prima que estava ali à sua disposição. No dia 3 de maio de 1957, quando a dona desta história tinha apenas 2 anos de idade, 3 camisas foram produzidas e, no mesmo dia, vendidas. Estava dado o primeiro passo para uma confecção que alcançaria, no futuro, níveis industriais de produção.

No final daquele dia, o pai da família escreveu um pequeno poema inspirado pelo trabalho de sua esposa:

"No primeiro dia,
fizeram três camisas que à noite,
na loja, foram vendidas
a seis cruzeiros cada peça,
assentou bem e deu certo na medida
no quarto, brincando com a mãe, eu disse:
as tuas camisas estão com boa saída".

Em 1969, toda a família deixou a pequena cidade do interior catarinense e se mudou para Blumenau. Muito esforçada desde pequena, sua mãe delegava afazeres a ela, como trabalhar na loja, ajudar na fábrica, cuidar dos irmãos e estudar. E foi assim que ela acabou se interessando pelos negócios, sempre buscando entender a lógica por trás do funcionamento de tudo aquilo.

Aquela jovem curiosa cresceu, juntamente com seu interesse pela indústria têxtil. A confecção da família já ia muito bem e oferecia a ela uma situação financeira um pouco mais confortável. Então, aos 18 anos, foi para a Espanha estudar tecnologia de confecção, e as novas habilidades foram aplicadas na empresa familiar quando retornou ao Brasil. Aos 21 anos, recebeu um convite para atuar como consultora em um grupo têxtil de Montes Claros, Minas Gerais, o qual tinha recém-adquirido a tecnologia de fabricação de uma empresa espanhola. Ela aceitou o convite e se mudou para a cidade mineira.

Permaneceu nessa empresa por um ano, mas acabou morando na região por mais sete anos, atuando em outras companhias do setor de confecção. Em 1983, decidiu se mudar para São Paulo.

Nessa época, a capital paulista era tomada por grandes magazines, como Mappin, Sears, Lojas Pernambucanas e C&A. A confecção de sua família era presidida por um de seus irmãos, que tinha o objetivo de abrir mercado em São Paulo. Como agora ela morava na cidade, foi convidada a retornar à empresa. Assumiu, então, o novo desafio e se tornou responsável pela reestruturação de uma nova área comercial ao mesmo tempo que se envolvia com o marketing, com o desenvolvimento de produtos e de matéria-prima, nas vendas e onde sua presença e seu talento se fizessem necessários.

Seu retorno para a empresa e a convivência com a família foram importantes para o desenvolvimento e o crescimento da empresa. Até que, em 2003, seu irmão decidiu se afastar da presidência. Naquele momento, todos que faziam parte do conselho tinham uma opinião unânime: ela era a pessoa mais indicada e preparada para ocupar o posto.

Cinco anos depois de assumir esse novo desafio, sua mãe veio a falecer. A matriarca era quem conseguia manter a harmonia da família no ambiente corporativo, e a ausência dela, que controlava a empresa de perto, foi sentida por todos. De repente, a família e a empresa se viram divididas em 16 partes, pois todos os irmãos eram sócios. A partir de então, tomar e implantar novas decisões eram tarefas cada vez mais complexas. Mesmo assim, ela conseguiu uma realização que foi um grande marco para a empresa: mexeu com a forma como as brasileiras se vestiam. A marca, que, até então, trabalhava apenas com o mercado masculino, passou a produzir camisas para as mulheres.

Para entrar nessa nova fase e conquistar o público feminino, a empresa precisou de uma reestruturação total, inclusive a definição de nova missão, visão de negócio e estratégias. Naquela época, a marca já estava presente em lojas multimarcas em cerca de 3 mil pontos de venda espalhados por todo o Brasil. A nova estratégia consistia em entrar no mercado com uma rede de lojas próprias, principalmente nas capitais, oferecendo um novo tipo de experiência.

A novidade foi um grande sucesso e alavancou ainda mais o reconhecimento da marca e de sua presidente como uma empresária visionária e inovadora, não apenas no Brasil como no mundo todo. Em 2012, ainda colhendo frutos do sucesso, a grife, que até hoje é uma união dos nomes de seu pai e de sua mãe, atraía a atenção de investidores e foi vendida para dois fundos de investimento americanos. Até que, em 2014, aconteceu a fusão da marca com um grande grupo de moda brasileiro que, na época, já controlava outras 4 grandes marcas – hoje, já são 7.

Durante sete anos ela foi jurada do Prêmio Cartier Women's, um reconhecimento internacional que, até hoje, teve apenas 2 brasileiras entre as vencedoras, as empresárias Bel Pesce e Cândice Pascoal. Além disso, dedica-se ao terceiro setor como mentora voluntária a mulheres empreendedoras, acredita que é seu propósito retribuir tudo o que aprendeu durante sua carreira e ajudar quem está começando, e também dá palestras sobre a liderança feminina e negócios de empresas familiares. Nessas atividades, sempre é questionada se o fato de ser mulher lhe trouxe mais desafios. "Sempre me perguntam se ser mulher atrapalha. Acho que não. Acho que não depende do gênero, depende da alma, depende do que você é."

Essa é a história de **Sonia Hess**, *ex-CEO da Dudalina e ex-conselheira do Grupo Restoque. Atualmente é conselheira da Petz e da Sequoia Logística e atua em várias iniciativas do terceiro setor: vice-presidente do Grupo Mulheres do Brasil – que tem como líder a empresária Luiza Helena Trajano; embaixadora, conselheira e mentora da Endeavor, conselheira do Conselho Curador da Fundação Don Cabral; conselheira da Verdescola; mentora do Winning Women da Ernst & Young e de mulheres empreendedoras que precisam de orientação.*

UM CONVITE À REFLEXÃO

Este livro não termina aqui. Na verdade, estas últimas páginas são o ponto de partida para o verdadeiro objetivo desta obra, e a próxima história inspiradora que será relatada é a sua.

Espero que uma semente tenha sido plantada em sua vida e que ela germine, estimulando sua força interior e realizando transformações que vão encaminhá-la para a concretização de seus objetivos.

Muitas vezes, você já sabe o poder que possui dentro de você, mas não o manifesta por medo, por se apegar muito "ao que os outros vão pensar" ou por acreditar não ser merecedora de algo. Muitas pessoas utilizam o adjetivo "poderosa" levando em consideração a beleza, o corpo e o modo de se vestir, porém o que chamo de "poder" é algo que vai muito além disso; é a força que vai mostrar para você e para todos à sua volta que, quando você quer algo, pode realizar.

Por isso, convido-a para uma reflexão. Inspirada pelas histórias contadas neste livro de grandes mulheres que, cada uma em seu próprio universo e em busca de seus sonhos, realizaram grandes feitos, chegou a hora de recordar sua própria história, a trajetória que percorreu até aqui.

O que você já realizou até aqui que pode inspirar outras mulheres?

O que ainda falta realizar?

Por que ainda não realizou?

Seus objetivos se tratam realmente do que você sonha e acredita que pode conquistar ou você está se limitando pelo fato de ser mulher?

Reveja seus sonhos, suas metas e seus objetivos, assim como expliquei na segunda parte deste livro. Encare de forma diferente os seus desafios e volte a folhear as páginas destas biografias sempre que tiver dúvidas se é realmente capaz. E nunca se esqueça: O PODER É SEU!

AGRADECIMENTOS

Ao André Fonseca, junto à Editora Planeta, pela motivação e por ter acreditado no trabalho da nossa equipe.

À Gabriela Montagner, pelo profissionalismo, pelo talento e pela amizade. Que este seja o primeiro de muitos projetos bem-sucedidos juntas.

Aos meus Arlindo Grund e Fábio Paiva, profissionais impecáveis, que além de compartilharmos pensamentos, fomos cúmplices deste lindo trabalho.

À minha amiga querida Martha Medeiros, que idealizou a camisa linda para a foto da orelha do livro.

A toda equipe da Alfaiataria Vasco Vasconcelos, que é conhecida pelo seu impecável trabalho com os principais executivos do Brasil. Eles demonstraram que estão acompanhando as tendências e estiveram por meses, com dedicação, adaptando ao corpo feminino um terno que fosse atual, confortável e que vestisse com elegância a mulher e suas curvas.

Ao fotógrafo Brian Hiader, ao maquiador Rodolfo Almeida, à Silvana Lima do Estúdio W e à Lucy Cossenzo.

Ao Antônio Montano, jornalista brilhante, pela sua dedicação e carinho, nesse momento especial da minha vida.

Meus sinceros agradecimentos a todos que se dispuseram a contribuir com este livro de forma tão gentil e solícita.

Dra. Carla Góes

Este livro foi composto em Adobe Garamond Pro e Bliss Pro
e impresso pela Gráfica Santa Marta para a
Editora Planeta do Brasil em agosto de 2018.